U0875070

知识生产的原创基地
BASE FOR ORIGINAL CREATIVE CONTENT
颉腾商业
JIE TENG BUSINESS

深圳女孩

销售IP养成记

宸希雅 —— 著

西苑出版社
XIYUAN PUBLISHING HOUSE
·北京·

图书在版编目（CIP）数据

深圳女孩销售 IP 养成记 / 宸希雅著 . -- 北京：西苑出版社，2023.4

ISBN 978-7-5151-0887-2

Ⅰ . ①深… Ⅱ . ①宸… Ⅲ . ①销售 – 方法 Ⅳ . ① F713.3

中国国家版本馆 CIP 数据核字（2023）第 054670 号

深圳女孩销售 IP 养成记

策　　划：颉腾文化
责任编辑：汪昊宇　辛小雪
责任印制：陈爱华
出版发行：西苑出版社 XIYUAN PUBLISHING HOUSE
地　　址：北京市朝阳区和平街 11 区 37 号楼　　邮政编码：100013
电　　话：010-88636419
印　　刷：涿州市京南印刷厂
开　　本：147 mm ×210 mm　1/32
字　　数：223 千字
印　　张：10
版　　次：2023 年 6 月第 1 版
印　　次：2023 年 6 月第 1 次印刷
书　　号：ISBN 978-7-5151-0887-2
定　　价：69.00 元

（图书如有缺漏页、错页、残破等质量问题，请与出版社联系）

本书推荐

如何经营个人品牌，是新时代的一门新学问。作者结合自己与身边朋友经营的案例，剖析了打造个人品牌的实用方法论，案例具体，观点清晰，感性与理性完美融合。总之，很值得一看。

——江南春　分众传媒创始人、董事长

作为女性，我深知“活出自我”“无惧无畏”需要多大的勇气。这本书更像是给青年人的一本成长指南，从外在到内心，从职场到创业……读完它，在成长路上，你一定能收获一些实用的启发。

——洪子晴　投资人、慈善家

勇敢、坚韧、努力——似乎在大部分有所成就的创业者身上都可以看到这样的特质。希雅，这个正在追梦的年轻女孩身上还有一份特别的“韧性”，她永远都是满怀希望的，小小的身子，满满的能量。翻阅本书，相信你也能感受到字里行间洋溢的柔软力量。希望努力成长的人，都像珠宝首饰一样闪闪发光。

——曾柳　ZEGL 时尚珠宝品牌创始人

普通人若想破局、实现弯道超车，经营个人品牌、打造行业销售 IP 其实是很好的选择。正如作者所言，只有做了个人品牌，你才能拥有市场辨识度；有了市场辨识度，打造成行业销售 IP，就成了更有希望、更有商业价值的自己，人生就会有无限可能。对于想走出困境、破局成长的人来说，这无疑是一本值得多读几次的书。

——路骋　京东集团前副总裁、投资人

十分赞同作者书中的观点："优雅经营自己，成为更有希望的自己。"其实作者在整本书中都在与你探讨这个问题，包括经营自我、经营事业、经营朋友等，行动力满分的人，果然各有各的出色。

——张树旺　中山大学博士、华南理工大学教授

在这个时代，个人品牌是你区别于他人的一张名片。这是一本揭秘"如何经营好自己的个人品牌"的答案之书，每个章节，都在向你输送一些颠覆以往的新观念。读完本书，你会忍不住感叹，一个充满希望、不断成长的女孩儿，是可以创造出无限可能的。

——陈特军　士力清品牌创始人、暨南大学创业导师

关于作者和本书

我是宸希雅，一个善聊爱笑、正在追梦路上的"95后"姑娘；国际珠宝鉴赏师、CHENXIYA JEWELRY品牌创始人、"希雅生活"发起人；福布斯FGA会员、宸希雅IP主理人。拥有全网超20万名粉丝，发布视频播放量超千万次。

我做过多个关于职场人士转型互联网的知识付费课程，比如《新媒体商务训练营》《朋友圈营销课》《个人商业变现营》，付费学员超1万人，组建的内容电商公司帮助很多知名日化品牌，在新媒体销售渠道销售额累计超1亿元，现在还有了自己同名的品牌事业——CHENXIYA JEWELRY，拥有近十万名珠宝首饰用户。

5年时间，我终于过上了理想中的"希雅生活"——心怀希望并优雅精致地生活。但你知道吗？5年前，我也只是个普普通通的女孩——无背景、缺人脉、非名校、没光环。我毕业后做的第一份工作，是月薪只有2000元的普通外贸销售员，这还是当时投了30家公司的简历后，我能选择的最合适的工作岗位了。

这一切的改变，都基于我做对了一个选择——从惠州来到了深圳，一直坚持经营自己的个人品牌，成了行业里有影响力的销售 IP。可以说，销售 IP 给我带来了指数级的财富增长，我的圈子、人脉、资源得到了全方位的迭代，上了 N 个台阶，让我在二十多岁就完成了买车买房的“人生大事”。

如何在职场上寻找突破，如何寻找未来发展方向，如何从 0 到 1 优雅地经营自己的个人品牌，成为行业里的销售 IP，实现人脉的升级与圈层的迭代，过上理想中的“希雅生活”……这些都能在本书中找到系统的方法论与可落地的步骤，简单易懂，一个零经验的普通人都能看得懂、学得会、用得上。

关于『希雅生活』

“希雅生活”——心怀希望并优雅精致地生活。

有一个温馨舒适的小家，有一家属于自己的公司，有一份喜欢并热爱的事业或工作，有一群为梦想奋斗的同伴，也有三五个价值观同频的好友相互扶持成长，有一份双向奔赴的爱情，还有几个能谈天说地的小姐妹抽空去旅行拍美照、拍美景、吃美食……

即使偶尔也会在夜里焦虑不安，但天亮了仍能冲劲满满地奔赴前程。心怀希望去努力的日子，格外有意义。

“希雅女孩”——心怀希望并柔软优雅的女孩，践行“六要六不”“六种时间”理念的女孩，也称“666 女孩”。

“六要六不”：要希望成长、不心灰意冷，要勇敢追梦、不故步自封，要阳光自信、不妄自菲薄，要自得其乐、不患得患失，要内外兼修、不孤芳自赏，要静水流深、不急功近利。

“六种时间”：生存时间、成长时间、变美时间、享乐时间、赚钱时间、独处时间。

自序

如果你也厌倦了这样的时刻

在这些迷茫的时刻里，让我们穿越人海，紧紧相拥。

午夜12点，终于打卡下班。今天你穿的新鞋有些磨脚，走到公交站时，末班车刚刚驶离了站台。你坐在路边无奈地叹了口气，拿起手机，花5分钟做任务领了一张9折打车券。打车软件上跳动的数额，提示着你这个月坐公交攒下来的路费，即将被一笔勾销。

夜色很深了，看着路边飞驰后退的景色，有时候觉得自己像是文艺片的女主角。但此刻你无心想象这些画面，因为你这周做的方案，依然还站在岌岌可危的悬崖边上。

手机"叮"地响了一下。打开一看，是工作群的消息——下班再晚，明天早上8点的早会依然不允许缺席。你熄灭屏幕，世界再次隐入黑暗。只有隐隐作痛的脚跟提醒着你，明天依旧是为了梦想和生存而努力奔跑的一天。

如果你也厌倦了这样的时刻。

最近你在社交网络上刷到了很多的装潢方案，干净敞亮的客厅，地毯和窗帘的配色温暖而和谐，连玄关柜都是你最喜爱的原木和藤编元素。你看了一眼出租屋卧室的那面白墙，又看了一眼评论区那句“房子是租的，但生活不是”，犹豫再三，给房东发了条短信——

“卧室的墙可以刷墙漆吗？”

“不行。”

你只好作罢。已经来深圳工作很多年了，但看了一眼软件上的新楼盘报价，你依然觉得有种悬在半空的恐惧感。毕竟，在深圳这座楼市价格飞涨的城市，安家置业这件事简直是遥遥无期。

如果你也厌倦了这样的时刻。

无数次你问自己，生活就只能如此了吗？过这样一个平庸的、碌碌无为的、感觉没有任何意义的人生？也许你尝试过奋发向上，说服自己只要努力走下去，总会走到光辉洒落的彼岸——直到碰了很多次南墙，被现实浇了很多盆冷水，你说服自己，算了吧，现在这样也挺好的。二十来岁试图追过梦，也算轰轰烈烈活过一场吧。

但有些时候，半夜翻了翻朋友圈，看到创业的某朋友发布了仅夜晚可见的、艰苦而励志的大段文字，又或是听了几首热血沸腾的歌，喃喃地唱着“让此时此刻，能不虚此生”，你又忽而觉得自己能实现一切可能。

更多的时候，你觉得自己更像一只无脚鸟，努力飞渡重洋，试图找到能栖息的、最适合自己的那方天地。这样循环往复、阴晴不定的你，一般被称为“间歇性踌躇满志”。

其实早在五年前，我就已经厌倦了这样迷茫、被生活撕裂无数次的日子。所以，我想告诉你，不必焦虑。因为我认为人必然是要经历这一段荆棘道路的，只不过这条路会通往两个截然不同的终点，我想你也猜到了——一个是你所向往的那个光辉洒落的彼岸，另外一个是绝大多数人选择的平凡之路。

如今二十多岁的我，在旁人看来，已经获得了想要的一切。买了地段理想的房子，开上了还算不错的代步车，正在做的工作是自己所热爱的，并且收入也不算差——至少买心仪的东西时，不再需要苦等到折扣日了。我创立了自己的珠宝首饰品牌，工作室选址在了一幢装修精致的双层小洋房里。工作圈和生活圈交会的地方，是我编织了很久且终于成真的美梦。

我不为自己定义是否已经抵达那个光辉洒落的目的地，但和5年前那个迷茫无措的我相比，我确实已经过上当初想要的那种理想生活。更详细一些来说，我更愿意把这种生活定义为“希雅生活”——一种心怀希望并优雅精致的生活方式，并把践行这种生活理念的姑娘们称为我的“希雅女孩”。但愿你也能和她们一样，带着我对你满满的美好祝愿，一路积极向上地成长。

你不再需要拼命赶公交车，只为了省下那几百块的路费；你不再需要为了那一份方案，把自己推至摇摇欲坠的境地……当然，你也许会说，其实只要有钱，这一切都好办。

二十来岁是自由的。当然，女孩的一生都应该是自由的。她们应该自由地去笑，自由地去爱世界上的一切，自由地奔向自己的梦想。我更愿意你拥有的是满腔热血和希望，而不是被金钱限制只能说句“算了吧”。我想我应该很认真地告诉你这件事，我从一个普普通通的女孩——普通的出身、普通的学校、普通的样貌，一切普通得不能再普通的位置，到如今这座山峰，吸引我攀登的不是“我会赚到多少钱”，而是“我能实现多大的人生价值”。

你甘愿平凡、甘愿碌碌无为地过一生吗？大多数人，包括我和你，想来都是不愿意的吧。

如果你也厌倦了这样疲惫、迷茫、看不清未来的时刻，就请翻开这本书。我为你构建了一个也许在你看来是崭新的认知世界，还为你准备了一些我的故事，以及一些在你的未来可能会发生的故事——让我们站在相似的寒流里，感受词句的温暖力量，穿越人海彼此紧紧相拥。

我写给你的那些方法论，交到你手上的那些导航仪，都是我一步步向上攀爬而得到的宝藏装备。所以我想，当我把它们郑重交到你的手上时，它们是拥有“开荒破土”的力量的。前人种下的树，如今已经结出果实。

你想象过你未来的样子吗？优雅、自信、从容、坚韧，站在舞台上的时候熠熠发光，聊起天来，眼里有被熄灭过又重新燃起来的笃定。我不知道你正在经历着怎样或黑暗或焦虑的时刻，但我知道，此刻你翻开这本书，是因为你明确告诉自己：必须要穿过那条幽深隧道，才能成为更有希望变好的自己，才能与理想生活接壤。

树枝必然会抽出新叶，就如同你也会长成参天大树那样，它们是属于确凿会发生的事情。你只管摒弃一切干扰，笃定地往前行。我要你拿出这样的勇气——暴风雨不能浇透你，荆棘道不足以让你求饶。只有这样，当抵达了那个光辉洒落的彼岸时，你才能有足够的底气昭告全世界——

我，已经成为更有希望的自己，过上了自己理想中的“希雅生活”啦！

目录

第 6 章

打造销售 IP，是销量倍增的有效密码

第 7 章

如何创作你的销售内容，打造视频号名片

第 8 章 精细化运营私域用户，转化目标客户

第1章 当我们走入人海

让我们
站在相似的
寒流里，
/
穿越人海，
彼此紧紧相拥

1.1 城市的迁移，从小城市到大城市

走向更大的平台，

拥抱有更多可能性的未来。

我算是个容易满足的人，从小城市走进大城市这座造梦乐园，我自认为我是足够幸运的那一个。

但我也常常在想，当一个人容易被满足，是不是会把那些“因未被满足而寻求突破”的劲头日渐消磨掉？

2016年年初，我终于如愿以偿拿到了我的毕业证书。当我把礼帽戴到头上，校长郑重地为我拨穗的时候，我真心觉得这些年的寒窗苦读没有白白浪费，我到现在都还记得那一刻眼眶湿热的感觉。那天的聚光灯打在身上，让人的皮肤微微地发热，舞台下是乌泱泱的观众，那一瞬间我的脑海里就已经闪现出了未来自己的无数种可能。

我读的专业是工商管理，每天被灌输管理学知识，还有一堆与商务有关的专业课程。因为小时候与外部世界唯一的联系，是通过我家那台电视机实现的，所以在我那极其有限的认知里，我对精英商务人士的理解基本都是——打扮得光鲜亮丽，说着流利英文的白领，骄傲自信地走进写字楼，留下后面一道道崇拜的目光。鞋跟快

节奏地敲击大理石地板的声音悦耳动听，一下下敲进了我的心里。

于是报专业的时候，我和我妈说，我要做商务精英，每天化好妆端着咖啡去和客户谈生意。我妈只觉得我荒唐，因为在她原本的计划里，她是要说服我报一所师范大学，然后回家当老师的。但很明显，做一个职场中的时尚都市丽人，要比教书育人更能吸引我。

为了实现穿着高跟鞋走进写字楼的“商务精英梦”，在校时间，我每天泡在专业课里，英文练得舌头打结，商务礼仪学得连腰杆都挺直了不少。年轻的时候，实现梦想的方式笨拙而热烈，就像童年时为了摘下树顶那颗成熟的果子，从不计较摔下来多少次，有多少处擦伤。

我和我的“富二代”室友不一样，半年前她爸妈就已经在上海为她打点好了一切，而彼时的我，人际关系和社会经验为零。北京、上海，这些放在全世界也都是超一线的城市，在刚毕业的我的眼中，遥远得就像天际高不可攀的星星。

然后，我怀揣着我的毕业证和我暂时还穷困潦倒的梦想，回到了家乡惠州。是的，我用了“回”这个字。为什么我最后选择了回家？倒也不是没想过跟朋友们一起到大城市闯荡一番，只不过我终究拿不出那份勇气。我对别人解释说，因为惠州这座城市历史底蕴深厚，旁边就是 GDP 大户——深圳和香港，但其实最重要的是，我的家在这里，在父母身边待着，能够为我省下很大一笔生活开销。

总之，回到家的感觉让我意外地安心，并且让我顺利向“商务精英”走近了一小步：我成为一个小小的外贸业务员。

我的老板是个和善的中年男人，他的人生态度是“淡泊名利”，只要公司没亏钱，他就继续乐呵呵地在办公室泡茶喝。

那是一段快乐比钱更多的日子，“容易被满足”让我渐渐习惯了这样的安逸舒适。和许久未见的朋友聊天，她惊呼，竟然会有这么舒坦的外贸工作？她迫不及待和我分享了她在深圳某外贸公司加班到夜里 12 点，然后赶不上末班地铁的经历，并且和我哭诉，这个月业绩达不到 10 万元的话就要被“炒鱿鱼”了。

我想了想我的外贸工作，上次业绩不达标的时候，我那个可爱的老板只是拍了拍我的肩膀告诉我：下个月努努力，争取达标哈。

这是在惠州待了半年多，我第一次听到“外面的消息”。我似乎被一层透明的玻璃罩很好地保护在其中，这里节奏很慢，阳光很好，但偶尔会有一些年轻时的冲劲在半夜点醒我，这样的现状和“养老生活”有什么区别呢？

有时候在微信上和一起长大的那些小伙伴聊天，我们也会问到彼此的近况。然而我意外地发现，甘愿留在小城市里发展的人，寥寥无几。

小城市承载了对安稳生活的期盼，而大城市，向来就被打上了拼搏追梦的标签。但去大城市，真的就那么好吗？

读书时有一个跟我关系不错的学姐，刚好就是深圳本地人。在某次机缘巧合下，她给我发了条信息，邀请我去深圳参加一场音乐节。那是我记忆中第一次到深圳，想着能够到这座超一线的大城市去，心里既紧张又憧憬，脑子里幻想了一百种华灯初上的繁华景象。

关于那一次音乐节的体验，我倒是忘得七七八八了，我唯独记住了深圳四通八达的交通线路，还有一栋栋高耸入云的大楼，当时我还在平安金融中心前面拍了一张照片。

饭桌上，我向学姐问起了深圳的生活与就业，学姐告诉我，对她而言深圳其实是个奋斗的城市。她把交通状况、生活情况、城市设施一五一十地跟我描绘了一遍，正当我对深圳的期待值越来越高的时候，她又用深圳平均 10 万元一平方米的房价把我的期待给打了回来。她说，深圳的包容性很高，很多事只要你去做就会有人支持你；她说，深圳哪儿都好，就是消费水平有点儿高，这也与这座城市的级别匹配。

回到惠州，我坐着回家的那辆小公交车，一次次地想起深圳明亮宽敞的地铁站，脑子里开始慢慢构建起对新世界的蓝图。说实话，尽管房价和房租都无比昂贵，但我确实向往那里，那是我理想中的生活状态。但问题又接踵而至，在深圳，我能靠什么立足呢？学历不拔尖，工作成果也不出色，人也没有多强的拼劲，更何况对未来的规划还一塌糊涂……

我每天有时间就刷刷学姐的朋友圈，想从中多窥探一些大城市里的生活。我偶尔也会找那个在深圳做外贸的朋友聊天，听她吐槽加班到夜里 12 点追末班地铁的糗事。

那时候的我是极其矛盾的，感觉到深深的迷茫和无能为力，因为我的能力似乎不够让我触碰到这座理想之城，但是留在惠州好像又有一些“浪费人才”了——至少我自己是这么想的。

内心挣扎几个月后，转机出现了。这个转机让我选择辞掉了业务员的工作，毅然决然跳出了那个舒适圈，投进深圳“水深火热”的怀抱。这个决定看似突然，但其实我做了很多的准备和努力，这个决定的过程充满了“宿命感”，好似冥冥之中有条路在指引着我前行。关于这个决定，我会放到下一节的内容里，与你细细分享。

我至今都很感谢我在那一刻的勇敢，因为那是我人生中很重要的一次抉择，它甚至直接影响了我未来人生的轨迹。

如愿投入大城市的洪流中，我被人群挤着往前走。那时候身边的每一个人都怀有满腔热血，身上有一股用不尽的闯劲，想着为自己或是为家人创造更好的生活条件。尽管人渺小如尘埃，但理想却壮阔如苍穹。

深圳的夜景很美，是和惠州的人间烟火完全不一样的美，疏离、热闹又生生不息。在南山公园俯瞰脚下的灯火阑珊，红色车灯川流不息，似乎每一道孤独的影子，都能在这里找到自己的归属。

小城市生存靠人情，大城市生存靠本事。

我身边也有不少回归小城市过日子的好友，他们大都选择了一份薪水不高但稳定的工作，二十五六岁结婚成家，父母在侧，规规矩矩地顺着大多数人的人生轨迹，平淡过完这一生；还有一部分好友，一头扎进北上广深的洪流中，从“996”到自主创业，为了实现人生价值，甚至都没怎么按时吃过一顿饭……去大城市还是留在小城市，这是个永恒的辩题，我从不定义它们是否有对错之分，这个选择只是体现了你更想过哪一种生活，更想要哪一种人生。

如果你年轻，如果你有冲劲、有期待，有那些现在看来也许难以实现的梦想，那么去吧，到大城市去。那里能激发你的志气，那里有无数广阔的平台、无数的就业机会等待你，哪怕你是一颗小小的螺丝钉，也能成为一栋大厦的支撑；从更现实一些的角度来说，大城市里那些更好的医疗资源、教育资源，都是在小城市里无法企及的。

如果你能为了长远幸福，而愿意短暂地吃一点儿苦，那么去吧，到大城市去。如果不在最能折腾的年纪吃苦，难道要等七老八十了，拄着拐到讲台上宣讲 PPT 吗？要知道，没有任何梦想可以不付出代价就能轻易实现，你必须在那些必要的苦难中为自己磨砺出坚硬的盔甲，才有底气接住你的理想。

更大的平台，其实代表了更多的可能。无论是依托互联网发展的新媒体行业，还是想要握住资源迅速成长的创业团队，离开了大城市，这些创业者都无法拥有大展身手的发展空间。

如美国畅销书作者斯蒂芬妮·丹勒所说："为什么我要留在纽约？因为我的野心是那么大，只有最繁华的都市才装得下。"

在大城市，你会发现，在一幢幢高耸入云的写字楼之间，在呼啸而过的地铁和匆匆行走的人群之间，你也会被无形地推着向前走，在如此快节奏的、高速发展的城市里，只要站在原地不动，就算退后。

但也有可能，在大城市，你没能买下一套可以让你安家落户的房子，甚至没有攒下多少存款，能够让你短暂应付可能会到来的经济危机。很多人会问，既然在很多时候注定无法获得一个理想的结果，为什么还要到大城市走这一遭？

在刚刚走入社会时，其实并没有多少人早早就能够为自己的一生做好步步为营的计划。因此，你必须用尽所有精力去试错，去狠狠地拼搏一把，"趁着年轻多走走"绝不是一句空口无凭的"心灵鸡汤"。他人之所以能做比较，并且给你语重心长的建议，是因为他早已把能够选择的选项都体验了一遍，才能信誓旦旦地、无比笃定地选择他想要的那个结果。

人只活一次，不要愧对人生。大城市为你提供的是机会，而影响你生活幸福指数的因素，更多取决于你自身。要知道，只有学会“不满足现状”，你才能走向更广阔的天地。

我很感谢那一刻勇于跳出舒适圈的自己，也感谢读书时勇敢造的那些梦，这一切似乎都在冥冥之中为我指明了道路。人的蜕变，其实是由许多个当时并不觉得重要的节点一个个累积起来，然后瞬间发生的，就在某一刻、那一秒钟，你意识到——原来我还能有这种更精彩的活法！

1.2 职业转型，我从花呗借钱学网课

拥有超强“行动力”的人，

配得上她想要的一切。

我的第一份工作很普通，并没有太多值得炫耀的事情。但我花费了一年多的时间从实习生成长为“销冠”，这倒是一件在我看来还算骄傲的事。

在惠州那会儿，我的工作变化并不大，最多算是从实习业务员变成了正式的业务员。那会儿公司主推的产品是纽扣，做传统外贸，有客户就意味着有收入。我每天费尽心思泡在各家客户公司的官网里，扒对方的联系方式——不合作也不要紧，先联系联系，说不定以后有机会呢！

岗位有绩效考核，但不高，如果你想多赚点儿提成，想在吃拉面时多放几个煎蛋，那就必须想办法挖客户、做业绩。

为了能够提升销量，我费尽脑力，最终想了个取巧的办法——我憋了一篇100字的宣传小作文，然后附了几张商品图发到朋友圈，试图引起那些潜在客户的关注。由于社交面太窄，我发现朋友圈里并没有多少人理会我，于是我又把这条图文转发到了微博、WhatsApp等一切我接触过的、有可能被客户看到的平台。

后来我才逐渐意识到，那算是我新媒体意识形成的开始，通过互联网向更多人提供信息，要比传统媒体来得更高效便捷且成本更低。动动手指头发条推广信息，甚至可能比在大商圈里发一下午传单得到的回报更高。

我这条文案吸引了一位学长的注意。他给我发了条信息。

“文案是你自己写的吗？”他开门见山地问了一句。我以为是文案有什么不妥之处，或者有错误的表达，便问：“是我写的，是有什么不好的地方吗？”“你文案写得挺好的，文笔不错，有做新媒体人的潜质。”他说。于是我发出了那句沉甸甸的疑问——

“什么是新媒体？”

当时那位学长可能在屏幕那头略感心塞，他有好一会儿没有回答我的这个傻里傻气的问题。求知心切的我当即打开了搜索引擎，看了好几遍专业解释，依然觉得云里雾里，但“新媒体”这个概念从此就在我心里深深扎下了根。学长最后还是给我简单解释了一下，对我说了一句：“如果不做外贸，文案策划这个岗位，我觉得你也可以尝试一下。”

这句话猛然打开了我的隐藏开关，我仿佛看到了人生的另一种可能性，可以不用一遍遍忍受被挂断电话的委屈，可以不用一次次被不怀好意的客户骚扰……甚至，还有可能在深圳的某家公司做一颗小小的螺丝钉！也许在那时候，学长对我说的那句话，只是站在一个前辈的角度上随口一提，却给了我扭转人生航向的船舵。

出于对现状的不满及对深圳的向往，我开始了解有关新媒体的信息，电脑的百度搜索记录赫然陈列着“文案策划是做什么的”“如何入行新媒体”等诸如此类在我同事看起来“大逆不道”的词条。

终于在某个翻来覆去的不眠夜，一篇关于新媒体转行的知乎高赞回答，赫然闯入了我的视野。简洁有力的观点阐述，整篇内容一气呵成，尽管在文章末尾，作者煞风景地挂了个卖课链接。我到现在都还记得那篇文章，5000 多字，尽管是一篇实打实的营销文案，但它带给我的震撼，可谓引山洪的那股穿堂风。

我当即查了下我的账户余额，然后硬着头皮打开了借贷平台。3480 元的学费，对那时候月薪 2000 元的我来说，是一笔天价费用了。但想着这门课也许能带我到另一个远方去，又觉得，3000 多元换一个新的未来，也不算亏吧——那时候的我冲动且率真，压根儿就没考虑过该课程的师资如何、靠不靠谱这样的问题，只有我的朋友发微信来骂了我一句“傻子”。嗯，我们一样率真。

课程是以社群和网课的综合形式开设的，刷完这 3480 元，我就被邀请进了讲师组织的群。那个晚上，我怀揣着无尽的憧憬，躺在床上兴奋地看到了第一缕晨光。

为了不辜负昂贵的学费，也为了能够跳出现在的职业瓶颈，我下班之后每天闷在被窝里，拒绝了一切娱乐活动，为了完成一份课堂作业能够熬到凌晨 3 点，然后第二天早晨 7 点钟爬起来洗漱上班。后来我的导师评价我，说我是群里最大的“问题学生”，口头禅是那句:“老师，我不太懂，你能再跟我说一下吗？”

在这套新媒体入门课中，我对新媒体的认知也逐渐完善，什么是“文案”，什么是“策划”，什么是“把握风口”，什么又是“KPI”……这些术语名词一个个地跳进了我的世界，新体系的构建，为我的职业转型垒起了高度。我意识到，在计算机网络和互联网高速发展的今天，新媒体已经逐步取代传统媒体，行业前景一片光明，已经形成了自己专属的行业矩阵。

这一门 3480 元的课，与其说是教会了我新媒体入门，倒不如说开启了我的人生进阶。

我至今都觉得这 3480 元像是命中注定要上演的一个剧本，它就那么巧，在我想要职业转型之时出现在我的面前，我也毫不犹豫地对它表示信任，而它也没有辜负我对它的信任……总之，我只能以“我是幸运的”来解释这件事，我的莽撞和率真，使我的人生改变了航向。

最重要的是，这堂课激发了我关于“知识付费”的商业启蒙。我甚至悄悄地算了一笔账，一个人交 3480 元的费用，群里一共有将近 100 位付费学员，那么这一门时长半个月的网络课程，导师收取的总费用就有三十多万元，而线上授课的成本较线下来说简直不值一提。等我把这些小算盘哒哒哒地打完后，我才后知后觉，我的商业认知早已上升了一个阶梯。

课程接近尾声的时候，我的导师组织了一场线下交流会，不少在行业内颇有发言权的新媒体大咖也参加了。“希雅？我终于见到‘问题学生’本人了！”我的导师调侃道。我与他讨论了很多新的见解，针对我这半个月以来的表现，他连连表示欣慰。

我以茶代酒，郑重地敬了他一杯。这位老师至今仍是我最感激的恩师之一，尽管我已经走了很远的路，获得的成就也已经比肩于他，但再见面时，我仍会像当初那样伸手握住他的手，然后毕恭毕敬地说一声“老师好”。

那一天，他还引荐我认识了一个人，资深的新媒体运营总监嘉总。从嘉总那里，我第一次了解到“Y 生活”这个品牌——一家坐落在深圳南山，做得十分出色的快消品牌公司。

深圳！

我的脑中闪过一阵电光石火。我想起了朋友对我说起的深圳工作日常，想起了学姐对我说的那些深圳夜景，想起了当初在地图上打了五角星的那个城市。如今，这个机会就真真实实地摆在了我的面前。

就是在那一刻，我铁了心要到深圳去。

那时候我甚至还不知道什么是招聘软件，凭借这些道听途说的消息，我铆足了劲头，就决定向Y生活的文案策划岗位发起进攻。上一节，我提起过在惠州和深圳之间的来回动摇，也提起过不知道自己凭什么本事在深圳立足。我对自己的履历还是有自知之明的，于是，为了提高自己的竞争力，我下定决心要做一份拿得出手的案例作品，争取力压群芳。

为了完成这份作品，我潜伏在Y生活的用户社群里将近一个星期，添加了二三十个用户私聊调查，只为了把目标产品调研透彻。最终，我用了18天时间，交出了三份共计一万八千字的硕果累累的报告作品。

当我拿着这三份报告坐到面试我的老板面前时，我终于可以骄傲地抬起头了。当时Y生活老板的表情可谓又惊又喜，她说，我第一次碰到像你这样来面试的，认真又可爱。那位老板对我的喜爱之情溢于言表，尽管当时公司并不招文案策划，但经过我的争取，她依然给了我选择的机会，让我以新媒体商务的身份留在了公司。

拿到Y生活的offer（录用信）后，我就正式向我惠州公司的老板提出了离职。他起初还觉得有些诧异，觉得这样一个瘦瘦小小，学历和资质都普普通通的女孩子，竟愿意放弃这份相对安稳的工作，跑到大城市，搅和到一个新兴行业里去“瞎折腾”。

我说，我拿到 offer 了，下周就可以入职。“你有点儿想法呀。”最终，他留下了这么一句话，在我的离职证明上盖上了公章。

至此，我的人生告别了旧篇章，向着新的方向飞驰。我的一切资质都不算拔尖，甚至连优秀都算不上。你要是问我在这么多冲动的时刻里有没有后怕的事情，我会说，有。有时候我会想，如果当时从花呗借出来的三千多元打了水漂，我是不是就再也不敢与新媒体行业接触了？如果我的一意孤行没有为我拿下任何一个 offer，我是不是就从此打退堂鼓回去做业务员了？这些环环相扣的时刻，塑造出了一个崭新的我。

至于那个改变我人生的新媒体课程，我在报名后，同时将它推荐给了我的一位也想要转行的朋友看，但他留给我一句“我先看看”之后，就再也没有了下文。后来我再与他聊天时，他依然还待在原来的岗位上，每天重复着“要不要换种工作”的瓶颈焦虑。

其实我身边不少人都有过职业转型这一选择，尤其在我入行新媒体之后。在我看来，新媒体行业发展速度快，各平台的算法随时都有变更和迭代的可能，正是因为如此，这是一个淘汰率极高的行业，如果跟不上脚步，那么你就落后了。

无论是转行，还是进入一个新的行业，人都不可以缺乏“行动力”。人人都知道减肥需要管住嘴迈开腿，但是真正付出行动去做的，又能有几个人呢？我们羡慕那些又飒又美又会赚钱的女人，好好观察一下她们，你会发现她们的行动力都无比强大——所有 new idea（新想法）一旦形成，绝不拖延，即刻就要落地。

成功人生的黄金要义，是“马上去做，做了再说，不行也得行”。

1.3 初入职场二三事，如何快速度过新手期

初入职场，

请先打碎你的玻璃心。

深圳淅淅沥沥下了半个月的雨。少了出差的日子，生活舒适安静，尤其适合将思绪沉淀。我闲来无事，习惯性地打开公众号后台，然而一条读者私信猛然吸引了我的注意。

“大表姐，关注了你好一段时间了，很喜欢你的故事，也很喜欢你。下周我就要去实习啦，有些紧张，你能给我一些入职小建议吗？望回复。”我仔细端详了一下那个可爱的猫咪头像，花了一分钟思考这个头像背后应该是一个怎样的小女生，然后思绪如潮汐般涌上来。

想起我的第一份工作，是我二十出头的时候，在惠州做一个小小的外贸业务员。那时候初入社会，我心里想着能够远离父母的束缚和唠叨，兴奋是远远大于紧张的，甚至已经在脑海里计划好了要买多大的行李箱，要放哪几套衣服……于是我当即打开了备忘录，为那位读者敲下了第一行字：首先我很荣幸，能知晓你新一阶段的人生。

下一刻，我在脑子里走马观花地翻阅了一遍我目前为止的职场

生涯，不禁感叹，精彩程度似乎不输大导演制作出来的金奖电影。

我的第一个老板是一位中年男性——一个只要公司没亏钱，他就继续乐呵呵地在办公室泡茶喝的和善男人。其实一家公司的环境和企业文化，多多少少能从企业老板的身上看出来。因此，我在这家外贸公司过了几个月风平浪静的养老生活，甚至恍惚觉得一辈子都要这样平平淡淡地过去了。

为了跳出舒适圈，我选择了别人没有尝试过的道路——转行。

从传统业务员到新媒体行业从业者，我可谓吃尽了苦头。为了能够从零基础踩上新媒体入行的门槛，我花费了半个月做市场调研，每天只睡 4 个小时，只为做好一份入职作品。幸好上天眷顾努力的人，随着能力的提升，我也兢兢业业地从一个新媒体小白，成为商务总监，工资比做业务员时翻了十几倍。

但我还想再突破一下，像是势必要过波澜壮阔的一生那样，我再次放下了来之不易的桂冠，走上了那条名为“创业”的更加艰辛的路。

我没创过业，但我莫名执着地坚信我能够做好。剥去那些不解、舆论及无数不为人知的苦楚，后来的故事大家都知道了，我做了知识付费并被邀请去讲课，接着又创立了自己的公司，做过美妆与穿搭博主，也创立了自己的珠宝品牌……

我不敢自诩成功励志，但对于职场，我想，我还是有不少可以告诉你的小故事。

激发你的外界探索力

倘若初入职场，你首先要明白，唯有激发外界探索力，才能让你一直保持斗志昂扬和长期学习的心态，从而更清晰地定义自己。

该如何理解“外界探索力”呢？也许看到这个词，大多数人都会认为，无非就是“去探索外部世界的能力”嘛，譬如鼓励孩子不要满足于只从书本中吸纳知识，要多去大自然里看看花花草草，这些在读小学时就已经被灌输个彻底的东西，为啥还要单独拿出来讲呢？

在职场中，外界探索力更像是一种综合性的能力总和，不单单是传统观念里的“到外面的世界看看”就足够了，它包含了你看外界一切事物的眼力、对正误与价值的判断能力及勇于探索未知的勇气。做个简单的比喻，除了要把书本中的知识点看透，你还要学会辨别一朵花的种类，思考摘下它时会不会被扎伤，在往其他方向走时会不会看到不同颜色的同类……拥有了这样丰盈的外界探索力，就意味着你比别人更清醒、更透彻，更不会被条条框框和定义所限定。

学会这样的思考方式，你在职场上的成长会比别人迅速很多。

好几年前还在职场摸爬滚打的我，总会被面试官问这样的问题——“你对你未来的职业生涯有规划吗？”那时候我一般会中规中矩地回答说，多少岁之前完成什么样的目标，多少岁之前做到哪个岗位，诸如此类。但如今再和朋友聊到同样的问题，我都会斩钉截铁地告诉对方，我对我的未来不设限。

因为我意识到我可以做任何事，我也可以成为任何人。

我可以从一个传统业务员成为知识博主，也可以从做品牌方商务到创立自己的珠宝品牌。而这些，其实都不在我本来要为自己定下的人生计划里，它们都是在某一刻发生转折的、计划之外的事情。

被扎伤无数次后，我也渐渐摸清楚，什么事情值得去冒险、去尝试，什么样的错误是有价值的。换句话说，这是一个不断学习、不断探索的过程，在这个过程中我逐步完善了我的认知世界：笃定了某件新事物，就要马上动身去做，哪怕遇到许多质疑和不解；选择了自己所热爱的路，就要有踏南天碎凌霄的气势，哪怕前方荆棘丛生。

总之，猫咪小姐，学会无尽贪心地向外界探索吧，也许很多年后，当你对自己有足够清晰的判断，当你构建起了你的认知世界，我希望你也可以拥有无穷的底气告诉别人："我不再迷茫彷徨了，因为此刻的我已经成为我理想中的模样。"

打碎玻璃心，专注职场竞争力

刚刚入行新媒体商务时，我自嘲就是一个打杂的小助理，每天自信骄傲地出入高端写字楼，主要工作却是帮同事签收快递、整理文件。天知道当时我说出这样的话，克服了多少道心里难关——别人凭着学历和足够的经验就能轻松入职，坐在会议室里和客户谈笑风生；而我花费半个月心血做的新媒体入职作品，却只能让我伏过身子去问："张姐，你那个取件码是多少？"

说实话，我确实有很多时刻在反复质疑自己——这样的选择，有必要吗？这些自认为没有被重视的时刻，让我渐渐变得如同受惊的兔子。当同事分水果没有分给我时，我会开始反思自己是不是被排斥了；当领导的语气稍重了一些，我会开始胡思乱想，是不是某项工作出了岔子但我没察觉……

当初并没有人教我要如何面对这些难熬的时刻。我这些年从职场一步步往上走，走到如今拥有了足够强大的心脏时，才感觉那些时刻是如此可笑且幼稚。

亲爱的猫咪小姐，我想告诉你，在职场，除了会做事很重要，还有一件同等重要的事，那就是学会“做人”——先把你脆弱敏感的玻璃心打碎。阿里巴巴原首席人力资源官彭蕾在公开演讲时就说过阿里招人的四个基本要求，其中有一条就是：人要皮实，不要有玻璃心。

我记得在《令人心动的offer》第二季里有一场关于“职场中太敏感是不是一件好事”的小辩论。撒贝宁说，在职场中敏感当然是一件好事，它能够让你敏锐洞察到环境的变化；但杨天真却特意提到了一个“钝感力”的概念，是指一个人没有那么敏感，承受能力也比较强，别人的评价不太能够干扰到他。

职场需要敏感度，也需要钝感力。敏感的人能比别人更快地意识到环境的变化，但他们也常常会被这些敏感的时刻压得喘不过气来，就像当初刚刚入职新媒体的我；钝感力在线的人，更容易与周遭的同事打成一片，但也容易把外界那些有价值的声音屏蔽掉。因此，这两种能力只有兼备，互相制衡，一个人才能够在职场上游刃有余，进而提高职场竞争力。

高调做事，低调做人

做新媒体商务时，我有一项里程碑式的成就，那就是作为一个普通小商务，在没有任何资源扶持的情况下，为公司拉到了一个当时业内数一数二的品牌合作。当时的我一战成名，用老板的话来评价，是“天赋极高”，是做这一行的好苗子。部门领导兴高采烈地让我准备好 PPT，让我在下周的部门会议上好好炫耀一番。

我对老板的赏识表示了感谢，然后婉拒了部门领导的安排。我并不认为我拥有多高的天赋，当然我也不认为那是幸运使然。每一场在他人看来十分成功的战斗，其实我早已经在别人看不到的地方付出了十倍的努力。

“高调做事，低调做人”，一直是我的职场做事准则。

高调做事，更能体现你的专业度。最难攻破的销售区域，最有难度的任务，在他人百般推辞时你接下来了，并且有良好的心态去面对，最后还完成得很漂亮，这便是高调做事，是一种在职场上最受欢迎的责任感。

低调做人，谦逊平和，是职场处世的黄金法则。这些话被说来说去，也许你在各种职场课程里都听过，甚至埋怨听得耳朵都起茧子了——我从不喜欢站在“过来人”的位置居高临下地传授道理，但正因为我淋过雨，所以我才更想为你撑把伞。

这位素未谋面的猫咪小姐，我想告诉你，不要惶恐，你正在迎来你的人生中很重要的一刻。从你踏入社会这一步开始，你的人生方向就被你紧紧地抓在你自己的手中了。你未来想要过怎样的人生呢？是璀璨的被众人仰望的星斗，还是芸芸众生中的一员？展望这些未知的惊喜，倾尽全力向着光奔跑吧。

最后，我想以我最喜欢的一句话，来作为这封回复的结尾——

且视他人之疑目如盏盏鬼火，大胆去走你的夜路。

1.4 抬头走路时，她已经成了最年轻的销售总监

每一个职场如意的人，

前期走过的路都并不如意。

我和这世界上绝大多数的女孩子一样，有一个普通但和谐的家庭，有一张普通但也还算可以的毕业证。总之，用一个词来总结我，就是“普通”。当然，我也不认为普通是一件百分之百的坏事，从小我就这么安慰自己，明星也许还羡慕我这种出门没有狗仔跟拍的普通人呢。

我从小并不是泡在蜜罐子里长大的，小县城的教育观念比大城市落后一些，打压式教育司空见惯，班主任最常用的句式，确实和网络段子如出一辙：你们真是我带过的最差的一届！

这些差距，放进大城市里会尤显突出。当在超市碰到那些自信张扬、模样精致的女孩子，我会下意识多看几眼，那道视线有些复杂，崇拜、羡慕又有些嫉妒，还有想要模拟她们举止言行的冲动。我感觉自己和她们之间的距离，远得好像王母娘娘划开的那道银河。丑小鸭什么时候能变成白天鹅呢？

这种叫作“自卑”的东西，是会刻进骨子里的。

如今身边不少朋友结婚生子，我都会或多或少地和他们说，要

多多鼓励孩子。因为自卑会让人轻易就陷入自我否定的迷局，尤其是那个初入职场的我，既敏感又多疑，在别人面前压根儿就抬不起头。

更悲哀的是，我明明知道自卑敏感的坏处，却还是会下意识地在意别人的眼光和言语。于是我选择了低头默默做业绩，再次抬起头时，我已然成为公司里那个最年轻的销售总监——当我在部门会议上拥有了单独发言的权利，当我一次又一次拿到公司 Top1 的销售奖励金，我才觉得，我终于有资格直起身子，走入我的同事之中了。

每每和别人提起这段无比坎坷的日子，他们都惊诧于我成长的速度，但只有我自己才清楚，我独自一人熬过了多少艰难的时刻，才换来如今的冠冕。

我想告诉你的是，职场的第一课，就是打碎玻璃心，停止你的精神内耗。

为了逃离传统行业，我花重金报网课只为转型；捏着薄薄一纸作业案例，我就敢孤身一人到大城市打拼；为了获得一个面试机会，我花费半个月制作一份面试作品……最终我拿到"新媒体商务"的 offer 留在了 Y 生活，这是我职业转型后的第一份工作，我挑了一套自认为最时尚精致的衣服，背着小挎包就来入职了。我想象着在别人的带领下走向更广阔的天地，然后自己独当一面，在明亮的办公室里和别人谈笑风生……当这些美好的画卷在眼前慢慢铺开时，我越发觉得逃离了小城市是最好的选择。

现实又和我开了个玩笑。事实上，我在这里的工作是从拆快递开始的，并没有人来教我如何做。什么是新媒体商务？那些洽谈的资源从哪里来？帮同事拆了一个星期的快递后，我秉着一股学习的激情和职场小萌新的谦虚，大着胆子去问了当时办公室里的一把手Lina姐。

我拿着笔记本屁颠屁颠跑过去，刚刚挂完电话的她满脸歉意地对我说："抱歉啊，我现在还有个会议呢，我们晚点？"然后下次再在公司见到她，已经是两天后的事情了。这一切和我当时想象的完全不同，虽然我一直都清楚"大城市生存靠本事"的道理，但在一次次求知无门后，我的热情也在逐渐褪去。在无比迷茫地度过了试用期的第二个月后，HR找到我，直截了当地告诉我，新媒体商务这个岗位，实习期有硬性业绩要求，指标必须达到30万元。真是晴天霹雳！

我斗胆反问了一句："如果没有达到30万元呢？"

该HR冷漠地回答："那就只能江湖再会了。"

在这之前，并没有人告诉我有指标要求，大家都忙碌得根本无暇顾及我，就连办公室饮水机的位置都是我自己摸索着找到的。那一刻，我觉得无比心灰意冷。我花了时间和金钱，耐住了寂寞做了入职作品，以为就有资格进入新媒体行业，和过去枯燥乏味的人生告别，可现实总是一次次把我勇敢前行的样子弄得狼狈不堪。

一个月的时间，一个没有背景、没有资源的小萌新，想靠着30万元的业绩在新公司立足，无论怎么看，都好像是一件匪夷所思的事。

被下达"通牒"的当天晚上，我坐在公司楼下的公交站座椅上，安安静静待了几个小时，思索我的未来、我的人生，还有我那变得遥不可及的梦想。谁在意你呢？周遭赶公交的人，也许忙着回家吃饭，忙着去接放学的孩子，或者忙着去见客户……

灯火通明的大城市纵使明亮，却总是少了些人情味。每个人都在为自己的生活奋不顾身，眼前的车轮一遍遍驶来然后再远去，载走了一个个孤独又勇敢的灵魂。

挫败感吗？是有的，而且在那一刻的黑暗中显得无穷无尽。这一年多以来，我觉得自己似乎走了很多、很长的弯路，但同时又无限乐观地为自己设想好了许多个光明的未来。在泥沼中苦苦挣扎求生的感觉真是无比糟糕，无边的悲观把我淹没。

那时候我刚来深圳，住的是城中村的农民房，长长的黢黑的楼道，让人备感压抑。我拼命告诉自己，要学会调整心态。苦难是人之常情，划着断桨离开的人，才算是真正的英雄。

哭，一点儿用也没有。经历无数个不眠日夜的挣扎，最后我还是决定狠狠拼一把，也许是因为一些不甘和一些努力想要证明“我可以”的倔强。我买了一本日历，圈出了最后时限，数了数之后，发现还剩惊心动魄的 28 天。我在心里暗暗发誓，在这最后 28 天里，我要实现从 0 到 30 万元的逆风翻盘。

当时的自我认知还算是清晰，我明白要打响这场“反击战”，必须先把脑子里那些杂乱无章的思绪统统抛弃。

心理学上有一个词，叫作“精神内耗”，它的表现之一就是反复思考、解读他人的话语和行为。譬如，某某同事只回复了我一个“嗯”，是我有什么得罪他的地方吗？某某领导开会时和我对视了一眼，是在变相提醒我什么吗？诸如此类。

一些职场新人总是容易陷入“讨好型人格”的怪圈，我并不提倡初入职场时要凸显个性，谦逊有礼反而利于职场生存，只不过，当一个人过于在意他人的眼光，一味迎合，会容易迷失自我，导致身心俱疲。

我选择了屏蔽外界信息，开始低头钻研如何能提升业绩，留在这家新媒体公司。我深知，如果把过多的精力耗费在职场社交上，那么工作效率将会大打折扣。

我在广告投放平台挨个儿与大V博主私聊，公司本身的品牌影响力，就是我最大的底气。我拿出了惊人的毅力，软磨硬泡地让他们帮忙转发推广，就差把大张伟那句“少花钱多办事，不花钱也办事”刻在脑门上了。在当时，一个哪怕只有1000粉丝量的博主，推广带来的收益也是十分可观的。

线下我也没有放松，在没有任何资金和资源的加持下，我用了最笨的办法——一周七天，挨个儿约目标客户出来吃饭聊天。那时候我的试用期薪酬捉襟见肘，花几百元请客吃饭再也没有下文的事情常有发生，但我已经无暇计算成本了，当时满脑子里想的都是“30万业绩”这件事。

不要想着公司能给你提供多少价值，要先考虑自己能为公司带来多少价值。

没有话语权的时候，就闷声做事情。这整整28天，我没有一天休息过。令人难以想象的是，这样苦上加苦的日子，我竟然熬了过来，并且最终以22万元的出色业绩成功收场。我的领导惊得目瞪口呆，随即对我毫不吝惜地表达了赞赏之情：“一个月时间，没有花公司一分钱，就拼到了22万元业绩，你身板小小，但确实有点儿能耐！”

虽然和当初定下的目标30万元还有些差距，但仅仅28天，我就做到了其他新人花费两三个月才能达到的目标业绩。这一仗，我可以大言不惭地说，我打得很漂亮!

我如愿以偿在Y生活站稳了脚跟。手上握着业绩时，很多闲言碎语在我眼里已无足轻重。当时办公室里很忙碌的那位Lina姐，特意给我点了杯咖啡，但她坐在我身边刚聊了没几句，就又被叫走开会去了——我才知道，她是真的忙碌到身不由己，和我脑补的那些针锋相对的剧情毫无关联。

这22万元，是我看见光明彼岸的开始。但我想要的不止22万元，当野心被无限激活时，未来的路也会被无限延展。

我一路野蛮生长，别人谈不下来的合作客户，我去攻克；别人不愿意付出的、认为是徒劳的努力，我会排除万难去获得一个结果。还记得当时百万粉丝账号“有书”与我们有合作意向时，我毫不犹豫地买了机票，坐了三个多小时的飞机直奔北京与该团队见面。一遍遍地确认合作细节，一遍遍地修改稿件，折磨得负责人叫苦不迭。幸好，这次横跨半个中国的会面，最终以将近80万元的转化成绩圆满结束。

再次抬头时，我已经成为那个最年轻的商务总监，手上的业绩占据了当时整个公司季度业绩的60%。所有人都在惊讶于我的成长，但只有我自己知道，在那些荣光背后，我独自负重前行了多远的路。

如今的一代人，已经学会了摸着石头过河的道理，就像新企业往往绕不过“复盘”和“案例参考”一样，因此在这里我想总结一些我的职场成长经验，但愿它们能成为你的盾，让你更加勇敢地奔赴前程。

停止你的精神内耗

他人的眼光需要在意吗？答案当然是需要在意的。所谓旁观者清，他人的眼光能让你更清楚地认识自己。但这中间有一个很重要的度，不在意外界意见的人，容易活在自我世界中；过度在意外界意见的人，往往会出现精神内耗，劳力伤神。

关于精神内耗，前文我提到过一些，它甚至比“过度自我”更可怕。职场中要学会屏蔽一些无关的过度思考：老板在会议上和你对视的那一眼，不是你要深究的地方，你更要在意的是会议本身。人的精力是有限的，要学会把有限的精力分配给能看见成效的事情。

没有话语权的时候，就踏实做事

前段时间，“00后整顿职场”之类的词条频频出现在我的视野里，勇敢发声的这一代人，他们面试怼人事，入职怼老板，稍有不符合自己想法的情况发生，便直接甩脸离职。这些雷厉风行的架势，让我觉得他们入职之前倒背如流的不是自己的简历，而是劳动法。我偶尔也会翻翻评论，发现竟还有不少人直呼过瘾，说他们“做了自己一直不敢做的事”。

平心而论，职场中确实或多或少存在一些不良风气，但这并不是任性“怼天怼地”的理由。没有人是靠着“一路把公司告倒”走上人生巅峰的，在还没有话语权的时候，应该踏实做事，耐心等到厚积薄发的那一刻。

不要想着公司能给你多少，先想着你能给公司多少

也许有人会嘲笑这是迂腐的“资本家思想”，但自从我不花公

司一分钱，为公司赢得22万元业绩之后，我才明白这句话的真实含义——要想被别人重视，就得先拿出你的底气。

我作为一个小城市出身的普通女孩，来到大城市独自打拼，更能明白实现自我价值的重要性。当然，作为生活的必需品，面包也一样重要，若公司提供的薪酬、福利等尚在可以接受的范围之内，那么你要思考的，是如何能让自己变得更值钱。

不是公司给你5000元的薪酬，你就只做那5000元的活儿，而是你要拿出你能赚10000元的气势和能力，有足够的底气，让公司把你5000元的薪酬提到10000元。

1.5 口袋厚实，生活会比你想象的更有意思

赚钱会让人更快乐，

从各个角度来看都是如此。

以前我总是羞于和别人谈及“钱”这个字眼。想起刚入职场工作那会儿，HR 面试时问我理想薪资是多少，我只会下意识地摆摆手说：“都可以，按照你们的来就好。”

没有必要，亲爱的，其实我们对于金钱无须觉得羞耻，这是你付出努力应得到的报酬，和空气、水、食物拥有一样的性质，它是生活必需品，它支撑着你的生活。勇敢一些，世俗一些，也没什么不好的，口袋厚实，往往会让人变得更快乐。

升职之后，我的口袋终于厚实了一些。很多时候我都在想，世俗一些也挺好的，毕竟在这世界上，应该没有人可以拒绝钱包鼓鼓的诱惑吧。

回想我的工资第一次从四位数涨到五位数的那个月，就在发完工资的当晚，我到化妆品专柜买下了心心念念很久的那支口红，昂首挺胸，精神抖擞。该怎么说呢？以前我从不敢靠近专柜半步，怕被人看出来我没钱。当积蓄不能成为坚强的后盾时，人的自尊心也会变得不堪一击。

专柜也许由于品牌控价等客观因素，在定价上并不占优势，但

为什么依然会有那么多人选择到专柜购买呢？我认真盘点了一下：在专柜，能够真实试出色号是否适合自己；能享受到这个价格所匹配的专业服务；能节省时间成本，结账后可以立马揣进包包里参加晚上的姐妹聚会；不用疑神疑鬼怀疑是否买到了假货……

当你觉得以上这些是比“找代购又省了100元”更值当时，恭喜你，你的消费观已经上升到新的层级了。

口袋厚实一些后，生活才会变得更有意思。

经济独立，意味着你可选择的面变得更广。我说的“可选择”并不是指价格区间，而是指你不需要将大把时间浪费在省钱的途径上——稍微衡量后觉得这笔钱可以不用省，或者说消费了能让你走出某段低落的情绪，那就买吧。只有忽略了价格本身，学会为自己的体验买单，为价值买单，你的生活才会产生质的飞跃。

这一年多以来，我的消费观早已和初入社会时截然不同，这些变化，尤其在我居所的选择上展现得淋漓尽致。

刚来深圳时，我住过城中村里无窗昏暗的楼梯房，成长为“销冠”后，钱包里小有积蓄，居住环境升级，再到后续创业……我搬了很多次家，住的环境不断在变化，消费观也在逐渐迭代。

住在昏暗无光的城中村的那段日子，是我最迷茫和焦虑的时刻。那时候我连是否能留在深圳尚且都是一个未知数，哪里还管得上那张床垫软不软，煤气灶能不能打得着呢？我安慰自己，无所谓了，在这样寸土寸金的大城市里，“房子”这个概念，对于一心扑在工作上的我来说，不过是一个能在深夜收留我睡觉的地方罢了。

当拼命工作换来了五位数薪酬时，我拒绝了那些“一次说走就走的旅行”“一个心仪了很久的包包”之类的自我嘉奖，早已受够了那间昏暗无光的房子的我，毅然决然选择了把这笔钱花在升级居住环境上。

那是我在深圳的第二次搬家。我为新房子购置了新沙发，也为墙上的壁灯换了个新的灯罩。刨除那些日常必需的开销，我当时留在口袋里的积蓄其实并不算多，因此所有物品都是我精打细算过才决定购置的——为了一张好看的地毯，我能不厌其烦地挑上一个星期。

尽管房租贵了近两倍，但在那时候的我看来，一个好的居住环境，比一个背起来有排面的品牌包包有价值多了。对比暗无天日的房间终日给我带来的压抑和焦虑感，新房子的光让我重新点燃认真生活的勇气。

谁说爱花钱是个坏习惯？人要足够努力，才有底气扔掉上天留给你的新手配置，然后用赢得的金币去升级装备、打怪升级——连我那个 6 岁的小侄子都知道，充了钱的账号，享受到的特权都会变得更多。

谁说爱花钱是个坏习惯？当别人都在劝你保持清醒克制时，我想告诉你，钱要花，但要先花在投资上，花在体验上，最后才是花在物质上。我们要去学着解锁更多人生新体验，譬如，上一节理财课、尝试一次蹦极……买的衣服、包包、首饰会变得不值钱，但你为自己做的投资，为体验买的单，会一辈子如影随形。

某次我一时冲动，花费 1000 元，第一次体验了高空跳伞。从飞机上纵身一跃的瞬间，感官被无限打开，我具象化地感知到了什么是勇气，风声是如何呼啸的，世界是如何广阔，生命又是如何渺小……当我绘声绘色地和朋友分享这段经历时，并没有人在意我“花了 1000 元就跳这一下”，也没有人不屑地说“这 1000 元跳完就没了”，朋友们更多的反而是在说“我下次也要鼓起勇气去尝试一下”。

我们不要羞于谈钱。通过钱，去看到一个新的世界，钱才具备了意义。

世俗一些，才活得更漂亮。

1.6 我拒绝了加薪的那一天

人们向来都认为，诱惑和理智应当是相悖的，

但事实并非如此。

我身边有个女性朋友，我们一般叫她莎总，很酷，是个女博士，高跟鞋踩在地板上的声音好像能把瓷砖踩碎。

很难以一种身份来介绍她。她是一个海归、艺术策展人、旅行博主、酒馆老板娘。这些八竿子打不到一块儿的标签，偏偏组成了独特明亮的她。

我认识她是在一次朋友聚会上。那是一个全是精英女性的聚会，朋友还向我介绍了几位女 CEO（首席执行官），每个人的身份和履历拿出来都能让我倒吸一口冷气。

当大家都在其乐融融地猜测桌上那块牛排的产地时，本来还在小声接电话的莎总，突然站起来猛然一拍桌子："不行！瞎折腾什么？"然后在一部分愕然的目光中，她雷厉风行地把电话一掐，抛下一句"你们先吃"，就踩着那双黑色漆皮的"恨天高"蹬蹬蹬推门离去了。整个过程不超过两分钟，但那股酷劲儿狠狠地"钉"进了我的脑海。我心想，这阵势，她应该是哪位公司高管吧？但我朋友当即和我简单介绍了一下："莎总，做策展的，伦敦艺术大学毕业回国马上做了策展人。"顿了一下，又补充了一句至高的评价："牛！"

后来在某次机缘巧合下，我有幸在市立中央画廊看到了她精心布置的展厅。美轮美奂的光影交错，轮播的艺术字幕投影在白墙上，还有展厅角落精心摆放的香氛，这一切，都让我极难和身边站着的这个有着酷飒个性的女人联系到一起。此刻她戴着夸张的朋克耳钉，穿着高筒骑士靴，站在白色石膏展台旁边，多少显得有些格格不入。

“我以为这样唯美的沉浸式体验，会出自一位长头发、穿白色裙子的艺术家女孩——或许你知道南湘？”我和她说。“那你的固有思维要被打破一下了，如今这个世道，南湘也可以去做驻场 DJ 的。”她回答。

我心里又想，这个女人，连无厘头的想法也这么酷。然而让我更没有预料到的是，半年之后，莎总从一个策展人，做了一个让人大跌眼镜的 180° 大转身。

她说，感觉做艺术家一点儿意思都没有，她要去做酒吧老板娘，开心就请人喝一杯长岛冰茶，不开心就干脆闭店。当她告诉我这件事的时候，店面的租约合同已经签了好几天了，店铺的装潢已经初见雏形。让我意外的是，店铺风格和她的策展风格简直是大相径庭。

她很像我小时候在杂志上看到的游离在主流之外、不被大众所理解、被定义为“离经叛道”的那类人。我把她这类人定义为“横向生长”的人，与我“竖向生长”的轨迹正好相反，我的人生目标确凿笃定，规规矩矩地往上攀升，但他们的人生意义在于探索更多可能性，从不在意未来如何，只管尽情肆意就好。

这是我第一次接触到活得如此肆意洒脱的女孩。她挣脱了这个社会放在女孩身上的禁锢，譬如“女孩就要安稳些”“找份体面的工作”“30 岁该结婚成家了”之类的认知枷锁，逆向而行，活得如烈阳般灿烂。

于是在莎总30岁生日这一天，我们在她的小酒馆里谈论关于她的30岁和我还没有到来的30岁。那时候我刚刚当上“销冠”不久，背上了我人生中的第一只名牌包。我们肆意地构思未来，像18岁的懵懂少女那样——我们的60岁，也许会肩颈瘦削，衣襟抖擞，精神自由而豁达吧。

“我也不是没有目标，活得尽兴就是我的目标。人生有无限可能嘛。”她说。

我思索着我的人生目标。大学时想要的“光鲜亮丽出入写字楼的都市白领”的愿望，我在毕业后两年内就已经实现了，薪水也还不错。那接下来呢？不出意外的话，再打拼个十几二十年，我会一步一步往上升职，这样按部就班的日子，看上去风风光光、顺顺利利，但也确实一眼就望到了头。

我有心没胆，尽管天天看着莎总瞎折腾，但也只是按部就班地到处为公司谈业务。过程中也碰到几个合作伙伴，十分欣赏我，明里暗里邀请我跳槽的，但我都一一拒绝了。毕竟，Y生活对于我来说意义特殊，它是我进入新媒体行业这段经历里浓墨重彩的一笔。

但我也并非厌倦这样的日子，只是当我已经完成了当初既定的目标时，又会有新的岔路口缓缓在眼前出现，等待着我新一轮的抉择。这样重复的选择，在人的一生中会出现无数次，然后你的一生将会由这些当初看起来并不重要的选择构成。

回想过去，“来到大城市发展”“毅然从传统行业转到新媒体行业”“借钱学网课”“第一次鼓起勇气独自和客户谈合作”……种种前事，在当时看来不痛不痒的选择，却让我从一个传统业务员小白，一路成长蜕变到今天。在别人眼中，我在飞速成长着，但只有我自己知道其中苦楚，吃了多少亏。

没有哪一副从战场下来的坚硬盔甲，是不沾血星子的。莎总半嘲笑半安慰地对我说："没关系啊，你呀，条条大路都能通向女总裁办公室。"

这一路行来，我都在被心中那股劲儿推着往前走：只管前进，证明自己就好。我并没有留意"我该走哪条路"，也没有真正思考过我要选择哪一种活法。但像莎总这样选择肆意妄为的人生，我自知是没有这种底气的，所以对于什么是真正的"活法"——这么深奥的哲学问题，在我看来，要比冲业绩难多了。

几个月后，某次部门会议结束，我向我的领导提了一嘴离职意向。我并不是完全受到了莎总的影响，因为在一次次和外界的接触及认知升级中，我意识到我也能够拥有更多的可能性。

在经济相对独立了一些后，尤其在身边有如此多朋友向我请教"如何入行新媒体"之类的问题之后，我不再为了生存而生存。我慢慢开始思考人生更深层的意义，既然我已经为他们开辟了一条还不错的前路，我是不是可以选择为那些想要入行新媒体的朋友提供一些有用的东西呢？在这一刻的我看来，能为社会提供一些价值，是一件极其有意义的事情。

我老板玮总苦口婆心地劝了我几句，因为他觉得我这只是一时兴起的胡闹罢了，但其实我内心在来回摇摆着。我应当稳坐我曾梦寐以求的宝座，年纪轻轻就拿着旁人羡慕的薪水，循规蹈矩地往上攀爬，还是放下已有的小成就，去选择搏一个看似有无限可能，但又极具风险的未来呢？

人们向来都认为，诱惑和理智应当是相悖的，但事实并非如此。“理智”是对比过多种“诱惑”后最终做出来的正确决定，处境类似那个迟迟做不出抉择的我。

我来回思考着，像无数有烦恼的人一样，把身边的朋友前辈都咨询了个遍，问得他们苦不堪言，最后拍着我的肩膀语重心长地说出那句我听了无数遍的话：“自己的路，还得自己选啊！”最朴实的道理往往最有深度，因为人总喜欢在这些一遍又一遍已知的答案中找寻安全感。

“稳步上升”和“寻找更多可能”，确实是难以取舍的两难抉择。无论你选择哪一个，似乎都会有极高的后悔风险。

那段日子，我常翻来覆去，一边感叹贵点儿的乳胶床垫真的很软弹，一边苦想未来到天亮。那些不眠夜倒也没有白熬，经历过无数个半夜坐在窗边思考人生的日子，翻阅过无数本关于人生建议的书，我也慢慢悟出来一些我自己的“人生道理”。如果你和那时的我一样正在面临这样“各有利弊”的岔路口，希望我的小道理，能对你有所帮助——

如果你年轻，没有任何负担，就放下那些瞻前顾后，先选“最喜欢”的那条路。

“做自己”这三个字说得轻巧，但我身边其实有不少人，并不是按照自己的意愿生活的：读书时选的学校被要求“离家近”，选择的专业被要求“将来好找工作”，到工作时又被要求“稳定”，诸如此类。当然，我相信有些人本就恋家、图安稳，但有谁在年轻的时候不叛逆，没有那种势必要闯出一片天的劲头呢？

如果你刚毕业，尚在二十来岁的年纪，没有车贷房贷之类的困扰，那就勇敢造梦、勇敢追梦吧。记得我十几岁时某年的暑假，兜里揣着过年仅剩的200元压岁钱，仍敢不顾阻拦和朋友坐上汽车到附近的景区看海。最后回来的时候，兜里只剩几张零钱，但觉得浑身都被自由自在的灵魂填满——那时那些无所畏惧的勇气，放在二十来岁的年纪，依然真诚可贵。

很想做的事，不妨大胆去做。

相反，如果你肩负着太多不可忽视的现实因素，而这些因素在你看来是高于其他一切的：譬如每月必还的车贷，譬如可支配的存款并不是那么多，譬如还没有足够强大的心态去面对可能发生的一切……那么，就先选“最稳定”的那条路。

抽出几个小时的时间，让大脑放空，然后集中思考，再把那些条条框框、正面临的烦心事统一列到本子上，然后问自己，做好准备了吗？如果是不可抗因素让你停滞不前，你能拥有足够的存款，来应付那些避无可避的日常开支吗？如果前路波折，无比艰辛，你能拥有足够的毅力把这条路走到底吗？……

成年人需要为自己做的一切承担必要的风险，还需要有足够的评估风险的能力。把所有能想到的在清单上统一列完，然后全部质问自己一遍。哪怕有一项的可能性是你无法承担的，我都会建议你先选择稳妥。

在后续和一些朋友聊天的过程中，我越来越体会到“社会价值”的重要性，这是不一样的格局，当一个人逃脱了世俗赋予的枷锁，他才能真正向英雄之路迈进。

正如莎总所说的那样，在小家子气的人眼中，“策展”这份工作，不过是艺术家们为了“圈钱”而在故作高雅，但在真正喜欢艺术的人看来，她是为他们建造了一个崭新的殿堂，那是他们在钢筋水泥森林里难以找到的一方港湾。这是两种无法被比较的高度，前者仍停留在底层需求，而后者已经在实现社会责任感了。

存款、车子、房子，不出意外的话，这些身外之物过几年后我们都会有，但当我在不间断地向社会产出价值时，我想我会获得更高级的精神满足。

我能够看着那些曾和我一样迷茫的人，慢慢找到自己的人生目标并为之努力；我能够见证一个职场小白，成长为干练果敢的职场达人；而我也能在不停为他人传授经验、引导方向的过程中，实现新的自我完善和升级。

1.7 成长是学会独自撑伞

要有跳出舒适圈的勇气，尤其在年岁尚轻，

还有无限可能的时候。

经历过无数个失眠夜后，我最终还是在某个深夜决定了离职。从Y生活离职，对我来说无疑是一个艰难的决定，一时间我甚至不知道该用什么开场白。

当我郑重地和老板玮总提出我打算离职时，他还是有一瞬间的不可置信。我想，他以为他那天劝住了我，只是没想到我比他想象中要更叛逆一些。在那张当初跟我谈入职的办公桌前，玮总连喝了两大杯茶缓神，然后跟我说，晚上一起吃顿饭吧。

我一向尊敬他，事无巨细地向他讲述了离职的缘由，也跟他讲了一些自己的焦虑之处。这位公司的大老板先是表达了对我的欣赏，对我这一年来做出的业绩连连肯定，并询问道："这个决定有点儿冲动了，你真的不再考虑一下吗？我很惜才，是真的不舍得让你离开呀。"

我说："我想实现一些新的人生价值和社会价值，找一些新的活法。"他说："你要离职，我很意外，你因为这个原因决定离职，我更意外。"他也不再多提挽留的话，反而细细和我剖析了我接下来的路，以及可能会遇到的风险，像是在认真地对待一位老友一样。这一顿饭我们吃了很久，最后他告诉我："年轻的时候想尝试就去做，我支持你的决定。"

接下来一段时间，我都陷在间歇性失眠的困境里，有时候会躺在床上想，接下来我会如何失败，失败后又是否要继续，等等，毫无意义。想到窗外一盏盏灯相继熄灭后，我把被子一拉，台灯一关，算了，睡醒再看吧。等到第二天太阳升起，我又重新燃起斗志：去做就好了，我怎么会失败呢？年轻真是好啊！

当然，我也不是每天都能如此乐观地说服我自己。

在很多个辗转反侧的深夜，我从 20 岁那年的时间轴一点一点捋到当下，盘点我那些形形色色的冲动或保守的抉择，心烦意乱却又不知从何说起。

《杀死一只知更鸟》中有一段话，被我记录在本子上很多年："我要你知道什么是真正的勇敢，不是错误地认为手里有一把枪就是勇敢，而是在你没开始时就知道你自己会输，但仍然义无反顾地去做，并且不管发生什么都能坚持到底。一个人很少能赢，但也总有会赢的时候。"

从零基础入门做到"销冠"，然后又雷厉风行地辞职要去实现人生价值，那会儿莎总对我的评价，就是"瞎折腾"——我第一次见她时，她对着电话说的那句话。但我俩，无论怎么比较，在这一点上都是有过之而无不及。

要有跳出舒适圈的勇气，尤其在年岁尚轻还有一切可能的时候。当眼看着要攀爬到顶峰时，一部分人会选择就在山顶驻扎，但还有一小部分人把目标放到了另一座更高的山峰。我希望你能做那一小部分人，因为就算失败，你也站得比别人高。

从Y生活离职的那一天起，我的人生在某种程度上仿佛被划开了一道分水岭。在这之前，我是为了更好的生活而拼命，但在这之后，我所奔赴的一切，从“实现更好的生活”变成了“实现社会价值”——倘若我能够以我的微薄之力，为那些曾像我一样，正在岸边寻寻觅觅的人指明一条相对来说不那么坎坷的道路，我是否就能实现更深层的人生意义？

正是这些细碎但深刻的想法，让我构建起了做知识付费的创业雏形。

我确实是胆子很大，一次次地挑战那些在我认知中尚且还空白的领域，因为在我做这个决定之前，我甚至没有正儿八经地在讲台上讲过一节课。为此，我去上了无数堂课，听了无数次讲座，甚至还特意搬了一次家。

我至今还记得我写第一份教案PPT的样子，像是被束在高阁上的女作家，从早到晚趴在写字台前删删改改，早上喝凉白开，下午喝美式咖啡。当我捧着耗时一个多月敲出来的第一份教案给我那位培训导师看时，我心里慌得像第一次领成绩单的小学生。

导师说你这里的理论讲得不太深刻，我说我改我改。

导师说你PPT这里特效不要乱加，我说我改我改。

于是我从知名新媒体公司的商务总监，变成了一位新上任的知识付费讲师——“大表姐”。想着能够把我这些年积攒下来的经验和方法，以如此正式的渠道传授出去，就隐隐地雀跃不已。

后来我开设了自己的商务小班，一些学员通过我的课程，重新认识了新媒体，有了自己理解的一套方法论，甚至靠着商务小班的案例作业入职了腾讯。不少学员也因此和我成了很好的朋友，看着微信里收到的那些长长的“走心”的感谢信，让我觉得我确实在做一件十分有意义的事情。不得不说，先前那些磨难淬炼了我，才让我一步一步地成了更好的大人。

在我拒绝加薪的那一天，我打开了通往另一个天地的那扇门。

当我和同样任性大胆的莎总分享近期这些好消息的时候，她豪爽地举起了她的酒杯，然后突然一拍脑袋，反手拿出她的社交平台账号，推到我面前说，就差你没关注了。我一头雾水划了几下主页，问她，现在的酒馆老板娘还要有剪辑纪录片的技能?

她摇了摇头，说:“什么纪录片，这可是我的个人宣传片。”

我们平常不会经常联系，但我们每次联系时，似乎总会有些不简单的事情发生。上一次莎总以策展人的身份开酒馆的事情还历历在目，这次她拍了拍我肩膀说道:“只做个老板娘也太无聊了，总是听客人说他们那些伤春悲秋的爱情故事，所以我准备做个博主，也把我脑子里那些励志文学灌输给别人看。”

我俩每次都在“瞎折腾”，但好在，每一次折腾似乎都能有所收获。

随着熟练度增加，我的讲课风格也逐渐自成体系，有了一些不错的口碑，后来还被有赞、中国电信邀请去做特邀讲师。这些小成就支撑着我一路往前，让我相信当初我手无寸铁走出的这一步走对了。我能感觉到“大表姐”这个 IP 的个人影响力开始向四周辐射，听着一段段反馈，验收着一份份作业，我明白，一切就像我当初所构想的那样，我正在为那些迷茫的人点亮大雾中的灯塔，陪伴着他们走向更广阔的天地。

某天我在睡觉之前习惯性地刷了一下朋友圈，看到莎总坐着她那辆宝贝越野车发了张自拍，女孩的发梢飞扬，背后是荒凉大漠，颇有些末路狂花的意思，下面的地址则赫然定位着库尔勒市。她写道：当人有所热爱且那一份热爱漫无边际时，目之所及的一切都叫自由。

她似乎过着多数女孩子羡慕的生活，有一家按自己风格装修的小酒馆，闲时打理打理，想去游历了就当甩手掌柜，有人邀约她时就出山做一次策展人——最重要的是，无论做哪一件事，她都能够拥有不菲的收入，然后养活她的其他理想。

在别人看来，我是跳出了舒适圈，而她是一直都在不同的舒适圈里跳来跳去。但事实并非如此。

当一个人永远都有新的想法和无尽的干劲时，她其实一直都在"舒适圈"之外的"成长圈"中游离。做实体店老板、做新媒体博主、做艺术从业者，当这些看起来完全没有关联的行当全部被放到一个人身上时，其实就意味着她要学习的东西比别人多很多倍：如何选酒，如何运营店铺，如何规避风险，如何引流涨粉，如何把视觉效果搭建到极致……那些潇洒自由的时刻看起来无比风光，实际上不知道她踩着高跟鞋背地里摔了多少次。

时下有个热门词语叫作"斜杠青年"，莎总就是这类人的最好写照。无论什么领域，只要有兴趣的就去开疆拓土一番，他们潜能无限，精力无限……许多人评论斜杠青年"不靠谱""三分钟热度"，但在我眼里，唯有在每个领域都有所建树的人，才能被冠上"斜杠青年"的名号，就像莎总——

作为一个策展人，她拥有伦敦艺术大学博士毕业生的傲人资本；

作为一个酒馆掌柜，她在市区拥有一家风格别致的网红小酒吧；

作为一个未来会有百万粉丝的旅行博主，她正身体力行地走在旅行路上，坚持记录着许多治愈日常……

难能可贵的是，她本人并不把这些事情看作“能赚钱的商机”，而更在乎这些事情能为自己或他人带来些什么，“能不能赚到钱”对她而言根本不重要。用她的话来说就是——“我有的是钱！而且就算哪天混到没钱了，老娘也能靠自己的本事很快大赚一笔，你信不信？”

当这些底层物欲已经得到司空见惯的满足之后，实现自我价值和社会价值就显得更加重要。

莎总这个人显然是“没淋过雨”的，但良好的教育让她拥有了与世界共鸣的能力。我想，更多的女生应该是和我一样普通的吧，没有什么显赫家世，也没有值得炫耀的履历，靠着自己一步一步向梦想的高峰攀爬，一点一点从自我中窥见世界，跌跌撞撞，才慢慢成长为能独当一面的模样。

那场雨会淋湿大多数人。而成长，是要你学会独自一人撑伞。

我说不清楚我是在哪一瞬间成长的，也许是决心离开小城市的那一刻，又或许是铁了心辞职的那一刻……总之，如今的我，和两年前青涩莽撞的我相比，已经完成了一个阶段的华丽变身。

随着我在商务课程领域逐渐崭露头角，越来越多的人开始眼熟于我的“江湖代号”——“大表姐”。不少人慕名而来报我的课程，我看着他们从远处向我走来，然后从我这里摘获想要的果实后又离开，慢慢明白了“春风化雨，润物无声”的意思，做一位讲师，确实能让人更具象化地体会到自我价值的实现。

于是，与年龄一起成长起来的，除了我自己愈加丰盈的精神世界，还有在知识付费领域的新兴 IP——“大表姐”。我代表了它，但它又不完全代表我。当许多人抱着“是大表姐的课？那应该还不错”的想法向我的小助手报名时，我不得不深深惊叹于个人 IP 的力量。

在这里，我想郑重和你提起本书的灵魂概念——IP。

IP，它的全称是 Intellectual Property，即“个人知识产权”。在自媒体盛行之下，最小的品牌就是个人 IP。在微信公众平台上有这么一句口号：再小的个体，也有自己的品牌。

哪怕我挑战一个新的内容版块，学员们都会无条件支持我，因为在他们眼中，我的课程就是质量和精品的保证。“讲课耐心”“全是干货”“善聊爱笑”……这些是他们贴给我的“标签”，让我区别于其他人，能够一眼就从海量讲师中被识别出来。

你输出的价值决定了个人 IP 的认可度。而当权威感和信任感在公众中树立起来时，流量变现便实现了质的飞跃。

个人 IP 打造的门槛是非常低的，通俗一些来说，只要会上网，还能输出自己的内容，你就拥有了打造个人 IP 的“初始配置”。

如今正逢互联网飞速发展的阶段，不仅大品牌市场饱和，连自媒体都在疯狂“内卷”。各类大 V 账号一抓一大把。我还记得多年前的微博，刷到一条搞笑的段子能和朋友说上几天，而现在信息更新之快，都能够让我说出“这个好好笑！但那个更好笑呀！”这类让自媒体听了都焦虑的吐槽了。

“内卷”归“内卷”，要吃到个人 IP 带来的红利，其实也不难。有些人说需要靠运气，但也不尽然。关于个人 IP 的打造诀窍，我会在后续的内容中单独拎出来分析讲解。

除了精神满足，做知识付费、打造个人 IP，还让我的薪酬比辞职之前翻了一倍。在这一年，我全款买下了人生中第一辆汽车，虽然远不及莎总那辆大越野豪华，但也算是我对自己的一个不小的嘉奖了。

再和莎总碰头的时候，我们各自又爬到了新的高度。她更加成熟优秀了，敛去了一些锋芒，虽然还是穿着看起来不怎么好惹的“恨天高”，但跟合伙人意见不合时也不再拍着桌子放狠话了。

“来，姐的特调。”她推给我一杯鸡尾酒，“为了表示一下你的特别，我特意在里面加了一点儿从古巴捎回来的金朗姆。不保证好喝哈。”

我抿了一口说，挺特别的，这么难喝的鸡尾酒确实很少能喝到。莎总一顿没形象地大笑，拿了个杯子匀了一半给自己，然后轻轻碰了一下我的杯子：“生活那么难都能熬到出头，这算什么？来，这杯敬自由。”

我拿起那杯青柠汁和金朗姆都掺得有点儿多的莎总特调马提尼，灿白灿白的酒在昏暗的灯光下莹莹发光，神圣梦幻，像极了我们未来无限可能的璀璨人生。

“敬我们，也敬更加美好的未来。”

第2章

向上生长的时候，山海都不可挡

竖向成长、
横向生活吧，
/
人生的筹码
握在你自己的手上

2.1 高级的活法
——优雅地自我经营与投资（生存时间）

眼光放远，拉长战线，

是一个高手必备的格局。

我的微信签名有一句话用了很久，叫作“优雅地经营自己”。

优雅，并不是单单指一种外在形象，优美精致，可以是生活，可以是外表，也可以是一种态度。经营自己——大到自我认知和格局的提升，小到一次头发或皮肤护理，都算是一个人为了经营自己付出的努力。

如果把自己想象成一家公司来经营，你会发现，门面招牌、发展策略、公司文化，它们是缺一不可的。

拥有自我经营的意识很重要，因为你自己本身，就是你面向世界最好的招牌。

在转行做讲师之后，我接触到的圈子更广了，也认识了各行各业的人。在我的第一批学员中，有个叫“秋子”的女孩子让我至今印象深刻。

在刚刚二十出头的同龄人中，很少有像她这样的女孩子：对自己的定位十分明确，认定一件事就拼了命去努力，对人对事落落大方，也不因自己的容貌和身材而焦虑。在小班学员将近一百多人里，我第一眼就看到了她。

更让我吃惊的是，她的本职工作是某传统国企职员，而她来找我报课学习，仅仅是因为觉得通过了解新媒体行业，能涨点儿见识。她说，在国企上班按部就班，太容易就失去对生活的活力了，而新媒体行业不确定性的东西多，能让她有一种“比较安心的危机感”。

我问她，如果学完课发现新媒体有意思，会从国企离职吗？她斩钉截铁地回答：不会。

然后她跟我事无巨细地描述了一遍她的人生蓝图，从当下到未来，从买房到退休，其中还穿插着许多“学新知识又不是要靠它挣口饭吃”“谁说干一行就要爱一行，我就乐意去凑凑热闹不行吗”这类不断让我眼前一亮的见解。

总之，这个女孩有一套属于自己的人生哲理，并且毫不在意别人对她离经叛道的想法目瞪口呆的样子。

也许在旁人眼中，她并不算讨喜，譬如不合群、太强势之类的，但我明白，她一定是突破千军万马走上成功那条路的，因为她已经具备了成功的潜质。我会这么说，是因为——

除了过早地有自我经营意识，她还懂得如何自我投资。

一个人，如果只懂得定义自我、为自己规划道路，是远远不够的。农民伯伯都知道要想让一棵树苗快快长大，免不了要施肥，你看，一棵只喝雨水长大的树，怎么能和一棵营养均衡、光照充足、泥土肥沃的树相比呢？

很多人会有一个认知误区：自我投资？“花钱”就行啊！

自我投资，其实是一门不小的学问。但这也不难理解，就把你的人生想象为一场精彩的“打怪”之旅，如果说自我经营是设定人物角色、规划打 boss 的路线的话，那么自我投资，就是你在这条路上为自己添加装备和技能的过程。有些装备，花钱即可得到；但还有一些，却只能通过和非玩家角色对话才能获得。

眼光放远，拉长战线，是一个高手必备的格局。以下我总结了几点，都是在我看来“值得为自己投资”的方面。

投资人脉，才能向上链接圈子

人脉需要投资。优质的人脉和圈子，是你破圈的制胜法宝。可以是请吃一顿饭，送一份礼物，甚至还可以是“我开车来了，您不介意的话我送您吧”。

在你之上的人脉，是需要用心投资和维护的，这是在人情世故中必然的道理。因为他的资源、阅历都比你丰富，你必须拿出同等的东西与他置换，而事实是，你尚且没有这样傲人的资本——于是在这个时候，想要向上链接圈子，“花钱”和“投其所好”就变得很重要。

创业路上，我付出最多的投资，其实就是人脉和圈子。当初带我入门做讲师的导师老路，我与他的缘分，其实就始于一顿 600 元的饭局。

虽说有朋友引荐，但这仍然算是一张不便宜的“门票”，因为除了真金白银的付出，在这之前，我已经偷偷做了许多功课。比如他平时有什么兴趣，讲课的风格如何，这些年有什么特别出色的成就……我统统列在了本子上，并且反复推敲，还准备了几个有深度的问题以求当面请教。正因如此充足的准备，他才能在饭桌上打开话匣子与我侃侃而谈，不仅邀请我去免费旁听了他的很多节付费课程，到最后还决定亲自传授经验给我这个新人小白。

最终，这些金钱和时间的付出，让我获得了想要的结果。想要向上链接圈子迅速成长，时间、金钱、精力的付出，缺一不可。

投资兴趣，比别人更有趣一点儿

人生不能缺少亚里士多德，但也不能缺少卓别林。和谈恋爱一样，有意思的人，更能够获得别人的青睐。

我写这本书的这一年，某一档“30+”姐姐的选秀节目迎来空前的热度，热度高到连我这个向来不爱关心娱乐新闻的人都略知一二。

首播那天，爵士乐队主唱刘恋在开场秀以一场音乐剧似的精彩表演，直接艳压众星冲上热搜。我当时并没有听说过这个名字，点开视频看了一遍，发现歌名很有意思，表演更有意思。

过了几天，我又在热搜榜上看到了她。这次不一样的是，她是以“奥美总监”的身份登上热搜榜的——那可是广告公司的龙头！我嘀咕着女明星还得上班呢？于是瞪大了双眼划拉了几下，发现巩俐的奔驰广告，竟然就是由刘恋操刀制作的。

又过了几天，我看到这个姐姐再一次被挂到热搜上了。这次我迫不及待点了进去，词条果然又换了，因为热心的网友们发现，刘恋竟然还是个学霸姐姐，毕业于北京大学考古文博学院。

好奇心使然，我去搜了搜她的个人经历，发现丰富得如同调色盘。考上北大，还能保研；做得了乐队，写得了策划；上过《福布斯》，拿过金曲奖……许多看似没有交集的事物，全都如聚光灯般聚集在了她身上。她一遍遍地刷新我的认知，让我不由得感叹，这不就是莎总的 plus（加大）版嘛！

她从各方面来说既优秀又有趣，我想，你应该也和我的想法一样吧。但我们大都是普通且平凡的姑娘，我们先努力做到有趣就好。

把时间和金钱，分一些给你的爱好或新鲜事物。譬如阅读一些有趣的书：当身边的人只讨论深沉的文学，你可以说最近读菜谱学会了一道新菜式；譬如学习一项户外运动：当身边的人只会刷短视频来消磨时间，你说我最近射箭很准……

这一套方法适用于所有场合，包括但不限于谈合作、交朋友、谈恋爱……不要只顾铆着劲往前冲，两耳不闻窗外事，要善于制造反差和新鲜感，才能让你在人群中脱颖而出。

投资外貌，那是你柔软的盔甲

如今一些社会偏见和传统认知给女性戴上了枷锁，譬如一个漂亮干练的女老板，总免不了会有“靠脸上位”的难听谣言，甚至当一个漂亮女孩什么都没做，仅仅是坐在那里独自美丽，也还是会有些闲言碎语——你说她的下巴这么尖，是不是整过啊？

坦白讲，这些偏见我经历了很多。以前我会觉得这难以接受、无法消化、不可理喻，但当我思想成熟了一些后，我意识到，这也是女性先天的性别优势啊，美貌和谈吐，也能变成一种获取机会的技巧。

我的一个好姐妹，前省级电视台主持人——Mu姐曾多次告诉我：“一个漂亮精致的姑娘，无论男女，都会愿意与她靠近些，不然礼仪小姐为什么都是漂亮姐姐呢？”

一次头发护理，一次塑形健身，一套质感好的衣裙……这些一次次投资在你外貌上的金钱，最终都会变成你面对世界的盔甲。它们都是长期存在的财富，七十多岁的王薇薇依然身材窈窕穿着时尚，那是她长达几十年的自我投资。

拥有自我经营的意识、学会自我投资很重要，因为你自己本身，就是你面向世界的最好招牌。肯花时间和心思在自己身上的人，必然能比别人获得更多机会，因为这是一个内外兼修、整体升级的过程。在这样的自我完善中，你能收获有趣的灵魂、美好的“皮囊”、更丰富的人生……这在我看来，是一种最高级的活法。

请记得，你投资的每一分钱，都要花在刀刃上。

2.2 前路的方向——藏在与榜样的对话里（成长时间）

一场演唱会，离歌手越近的地方，

票价就越昂贵。

前段时间我的学员奈奈向我报喜，说她的服装店终于开起来了。我连连恭喜，但她非要邀请我出来吃一顿饭，说是为了感谢我之前给她介绍的那位朋友英总。

说到这两个人的认识，倒也是一段趣事。奈奈是个刚毕业没多久的服装设计师，之前在我这里报过课，学了一点儿新媒体商务知识，而英总是服装行业的大供应商，两个人的行业有点儿关联，但是在圈子上似乎又完全挨不到边儿。

这几年受疫情影响，实体店并不是那么景气，但奈奈作为一个设计师，开一家属于自己的服装店，是她一直以来的梦想。于是，这个年轻勇敢的女孩子再三思考后，还是决定拼一把。她也确实很有魄力，放弃了一切娱乐活动，亲自选店面，跑面料市场，谈工厂合作……在一切看似要触到光明的时刻，突如其来的岔子打乱了她的节奏。

刚刚毕业就开始创业的奈奈，经验几乎为零，还没有学会做 Plan B（备选方案）。之前谈好的供货商基于一些特殊原因终止了与她的合作，虽然赔偿了一小笔费用，但供应链一下子的倒塌让她彻底慌了神。百般无奈中，她只得向我求助。她说，当时她翻遍了好友列表，觉得圈子里唯一一个人脉多，又能帮上她忙的，就只有我了。

我也没辜负奈奈的信任。我确实认识一些同行业的前辈，并且挑了个时间，把两个人都约出来吃了顿饭，想要把英总引荐给奈奈认识。英总很爽快，脾气好得不得了，为人也十分低调，完全看不出来是一位服装供应链的大佬，国内许多快时尚品牌都来自他的工厂。

这一顿简单的中餐打通了奈奈的社交圈。她与英总顺利交换了微信，为此，本来为了创业穷得快叮当响的奈奈，第一时间就冲去买了单。

但朋友的引荐只算得上一张入场券，大佬自然不可能为了一顿饭，就愿意对一个新人伸出援手。据奈奈所言，为了保持联系，后续她还陆续向对方请教了很多问题，还特意学了几节高尔夫课程，约了英总去“现炒现卖”。总之，略过那些无比曲折的惊心动魄，她最终把自己服装店的供应链重新连上了，还额外收获了许多在别人那里得不到的行业信息。

我再一次感叹，能做大事的女人真的很有胆识啊。但奈奈却说，其实魄力和胆识只是前提条件罢了，唯有人脉和圈子才能带你升级认知、快速成长。

这句从她嘴里看似随意说出来的话，却值得细细回味。回想我自己，许多新的观点、新的认知，好像的确是从一些前辈那里学习来的。付费破圈—获得成长—结交到更高端的人脉资源，这是一个一直向上积累循环的过程，任何一环链条脱节了都不行。

什么叫“付费破圈”呢？不是你请吃一顿饭、请打一次高尔夫就叫付费破圈了。付费破圈，其实就是通过付费，让“弱关系”变为你的“强关系”。

比如我和奈奈，她想要学习新媒体商务的相关知识，报名买了我的课程，就算是为我付费了，那么她就获得了更多的人脉，甚至是在她意料之外的人脉——就像英总。那么在这个关系中，我是奈奈的“强关系”，是一种联系频繁、稳定发展的关系；而英总则是奈奈的“弱关系”，联系不频繁，圈子无接壤，甚至都没有见过面。

你想结识哪个圈子的人脉，就要为哪个圈子付费。道理很简单，如果你想认识一个策展人，你就要去买艺术展览的门票进去参观，才能进入这个圈子，获得结识的机会，而不是妄想着去咖啡店坐坐就能遇上一个策展人。

圈子这东西，常常是与你成长轨迹并行发展的。你的社交圈反映了你所处的位置，付费只是为了让你能够跻身更高层的圈子而缴纳的“早鸟价门票”。我们都知道，一场大型演唱会，离明星歌手越近的地方，门票价格就越昂贵，其实社交圈子也是如此。

和世界股神巴菲特共进午餐要花费巨资，中国第一位与他吃饭的人是段永平。这位大佬与偶像共进午餐后，受益匪浅，立马将公司拆分成了三部分，而这三部分，分别变成了后来一鸣惊人并独领风骚的VIVO、OPPO和步步高。

2006年的62万美元贵吗？贵，甚至可能许多人一辈子都赚不到这个数，但这笔巨款成就了未来的三家龙头企业，段永平也许很愿意再花62万美元和巴菲特多吃一顿晚饭吧。

拥有付费意识很重要，因为这是在为你的认知买单。

以下是一些链接圈子和维护圈子的小 Tips，与你分享——

想链接前辈，要微信或者要电话？

我的答案是，要微信。

随着互联网的发展，当今人们的生活习惯已经发生了变化，而交流方式也从十几年前的“这是我的名片，随时电联”变成了“扫一扫，留个微信吧”。在我的日常中，除了拿外卖、取快递、和长辈聊天时会拨通一下电话，其他一切，基本上都可以在微信上搞定。

但“要微信”这个行为，其实也是有诀窍的。

我所认识的前辈们基本上是通过朋友们的引荐而来的，这样能够极大地增加对方的信任感和认同感，从而更容易达到合作的目的。

2022 年我在做自己的个人品牌，有一些热情的朋友要介绍行业大佬给我认识，他们说，我推微信给你，你们互相认识一下也好。这个时候我一般会回答：你拉个微信群吧。

拉微信群这个动作，其实属于三方获利：我能够获得对方的信任，介绍人能领下一份人情，而大佬能够判断我是否有诚意，是否有进入他社交圈的价值，是否有资格与他进一步合作。

群里发言我一般会选择在晚间 9 点多或 10 点左右，首先“付费破圈”，发个红包破冰，自我介绍后活跃一下气氛。待时机成熟后，再通过微信群添加这位行业大佬的微信。如此循序渐进，才是最有效的，也是最有价值的。

如何打开话题？

开始聊天这件事，只有一个方法，那就是找你们的共同话题。

这个点很泛，包含的内容也有很多，比如可以是共同的兴趣："这么巧？我前段时间也刚刚去学了吉他呢！"或者是你俩都认识某个人："我知道他，我去年还听过他的讲座呢！"

也可以从一些闲聊中，捕捉某一个点来展开话题，再推进到更有深度的话题。举个例子：当你们以"午饭吃了什么"为话题开始时，除了要捕捉共同话题，还要学会有主见地引导聊天方向——

"那家餐厅我也吃过，餐后甜品做得很不错"：先赞同对方观点，获得认同；

"我听说他们老板跟您一样都是湖北人哦"：引导共同话题，开启对方的话匣子；

"但现在的形势，做您这一行也是不容易呢"：开始有目的性地引导话题走向；

"我最近也在筹备 ××，您作为前辈，有没有什么经验可以传授一下呢？"：无论前期如何铺垫和迂回，最终得引导到你最想问的问题上来，放低位置，谦虚提问。

聪明人懂得如何开发和利用身边的一切资源来为自己保驾护航，优秀榜样的指引，是能够让一个人高速成长，实现弯道超车的。

与榜样看齐很重要，敢于付费破圈很重要，定期维护你的圈子也很重要。偶尔约出来吃一顿饭，打一场羽毛球，旅游回来送一些纪念品，逢年过节发一句问候……

2.3 贵人的相助
——源于你的为人处事（赚钱时间）

你的社交圈，代表了你的身价，

也决定了你能走多远的路。

上一节提到了榜样的力量，这一节，我们聊聊人生中的那些“贵宾”。这事儿也很好理解，无非就是“偶像”和“跟我一起追偶像的人”的区别。

进入社会后，我们要学会有意识地、有目标地去结交朋友。这并不是“势利”或“有心计”，要明白，朋友也是分类别的——最普通的朋友只限于能一起约饭的饭搭子，而优质高级的朋友，是能在工作、生活、精神世界都与你产生共鸣的。

在社会心理学上，有一种行为叫“马太效应”：优秀的人之所以会相互吸引，是因为他们本身也很上进，他们知道自己想要的是什么。当他们看到比自己还要优秀的人之后，他们就会慢慢地被吸引过去，然后学习对方身上优秀的东西，让自己变得更加优秀。

这是一种正向的能量积累，而事实也证明，除了有榜样指引，贵人相助也是一种必不可缺的力量。人是社会性的群居生物，我们要善于结交人脉，几乎很少有人可以通过单打独斗攀到山顶。

在我的人生路和职场路上，贵人相助让我少走了很多弯路。我是小城市里走出来的姑娘，小城市里的资源短板很多，放在当时初入社会的我身上尤其明显——胆怯自卑，畏首畏尾，没有规划意识，太在意别人的看法……

我至今仍感激我一路走来遇到的贵人们，他们有的带我进入新的行业，有的带我体验了许多人生第一次，一路带着我跳出了泥潭，让我建立起自信独立的人格，从而见识到了世界那么多崭新的另一面。某知名时尚品牌主理人柳总、某知名企业的首席运营官老石……那些曾经在我眼里高不可攀、如同星星一般的人，一个个地走近我，与我建立起了伙伴关系。

其中一位挚友、某礼服品牌主理人安琪很久以前说的一句话，让我记到如今：我对你好，是因为你值得。你也要坚信自己配得上这些好，你很优秀，知道吗？

要吸引贵人相助，首先要让他们看到你

由于创业者和讲师的工作经验，社交能力强算是我的优势之一。所以对我而言，认识新朋友的途径有很多种，上到一场名利场酒会，下到一次朋友的聚会，我都能把它们变成我的社交舞台。

而交朋友的方式也有很多种，我在我的圈子里，就是与善聊、爱笑画等号的人。朋友们都说与我相处时感觉十分轻松愉快，我会细心照顾到别人的情绪，还喜欢捧场——这是后天形成的，属于我的社交符号与社交方式，而事实也证明，一个快乐的、会聊天的人，总是更受欢迎的。

我与安琪相识于朋友的某场饭局。我们俩交会的节点也让人意想不到。那一日她的高跟鞋磨脚，出于同理心，我穿过人群给她递上了一片创可贴，仅此而已。

时至今日，她向别人介绍起我时，都会很认真地补充一句“是个很细心的姑娘”。

后来我说，当时我只是做了一件很小的事情而已。安琪却回答道：“在当时那种社交性如此明显的场合，这一件小事情，就能让我当即判断，你是值得深交的了。”

她是我人生中难得的贵人之一。我与她并不只是在日常约饭、逛街、拍照的那类朋友，在我的事业遇到瓶颈时，在我的人生迷茫时，她也能拿出自己的独家见解为我排忧解难，甚至还带我去认识她的那些名流好友。

吸引贵人看见你的方式有很多种，无论是提供物质价值还是情绪价值，只要记住，唯有不计回报地去做这些价值输出，才能被人注意到。这是一个长期的过程，当然，也需要一些运气。

要吸引贵人相助，你也要有自己的闪光点

优秀的人相互吸引，这是必然的。你需要发掘或拥有一种特长，然后无限地把它放大。这些“特长”可以是任何方面的事情：你可以特别会写稿子，特别会讲笑话，甚至还可以特别会做番茄炒鸡蛋——我一直都认为人性的本质就是慕强，无论是哪一方面的强。

如此一来，当遇到一个很想结交的新朋友时，你就能用有足够优势的话题来开启你们的对话。

和安琪刚认识不久时，我小小地自卑过。她经济自由，身材高挑，五官姣好，还是个礼服设计师……总之，在我眼里的她，里里外外都散发着女性那股自信的美。而小个子的我站在她身边时，只觉得自己像是暗淡无光的小星星。

她也许是敏锐地察觉到了我的心思，一路鼓励着我，维护着我那微不足道的自尊心。

她说，多好啊，你是唯一一个，下暴雨也会来我饭局的仗义朋友；

她说，女孩子本来就有各种各样的美啊，我这种叫作大气的美，而你这种就叫秀气的美；

她说，你很棒啊，你有着满分的行动力，上一秒嘴里还在说着十足的担忧，下一秒就在路上了……

人是需要社交的，没有人是一座孤岛，而你的社交圈就是你的身价。我们总说“摆脱低质量的社交”，其实说白了，就是我们需要交那些“以后可能会帮到我”的人。高质量社交圈重要的价值在于，你能够通过那群人，获得多少有效的信息和认知。

我之前阅读的某本成长主题的书中，用大篇幅专门提到了“高效社交”这门学问，我看完之后只觉得醍醐灌顶。于是我总结了一下，又添加了一些自己的见解进去，现在与你分享一下。

（1）每年定一个目标，重点维护能帮你达成目标的十个人。

比如，2022 年我要打造自己的个人品牌，那么我要维护的十个人之中就要有资深运营、大 V 博主等。在这一年中，我会重点与他们深度探讨和交流经验，从而让我更快地完成我的目标。

如何维护呢？关注并勤快点赞他们的朋友圈，随时了解他们的动态，并且从中找出共同语言与他们拉近关系；或者在朋友圈发布一些共同主题的内容，刷刷自己的存在感。当然线下见面也不能少，每一次见面，最好都能准备一两个小问题与他们讨论，用以加深你们之间的链接。

（2）学会定时删掉那些长时间没有联系的人。

我做了很长一段时间的讲师，许多慕名而来的人，无论是否认识，都会习惯性地与我加上微信。起初我觉得流量即是王道，多认识一些人也没什么不好。

但后来我慢慢发现，无关痛痒的朋友太多，反而会让你的社交质量下降。它不仅会让你错过一些真正有用的信息，还会一遍遍消耗你的社交体能：我腾给社交的时间本来就只有那么多，怎么能做无用功呢？

不联系的、没有社交价值的人，勇敢些，把他们从你的社交圈里移出去吧。

（3）划清领地界限，进退有度。

通俗一些来说，是保持自己的“神秘感”，吸引别人来探索你；同时，也要维护对方的“神秘感”，尊重他的领地界限，方能相处愉悦。

交往中不探讨他人的私人生活，不要干预他人的决定，点到即止，才是聪明人的做法。

2.4 美好的皮囊
——管理好你的皮肤/穿搭/身材（变美时间）

人海之中，别人看到你的第一眼，

就是那副美好的皮囊。

小时候读书听到的最多的偏见，诸如“她打扮得这么讲究，一看就不是好好读书的样子”“时间都花在打扮上了，成绩能好吗”……说的人多了，于是潜移默化地觉得“真正厉害的人都是不修边幅的”是无上真理。直到渐渐长大，认识的人多了，才发现——优秀的人，总是有能力做到内外兼修！谁会愿意通过你不修边幅、邋里邋遢的外表，去了解你口中所说的“有趣的灵魂”呢？

在生意场上，一个打扮考究、举止得体的温柔女性，总是会不自觉地吸引人靠近她。而当你与她攀谈了几句，发现她竟然还见解独到、出口成章！这样优秀的女性，在商业合作上的优势，真的是无可比拟的。

对女性而言，外貌是特别明显的性别优势之一，也是聪明女性在职场和生活中“大杀四方”的利器。也许同龄人或前辈都在建议你“脚踏实地地走”“别幻想那些弯路子”，但我想要告诉你的是——我们要在三观正确的前提下，学会利用美好的皮囊这些先天的优势，让自己的成长之路尽量不那么艰难。

在这个看脸的世界里，漂亮真的很重要。

我有一个很奇怪的毛病，当课程PPT或者文章写不出来的时候，我会选择去洗一把脸，然后花一个小时一本正经地化个妆，哪怕我穿着睡衣且当天也并不打算出门。这一个小时获得的美，会极大地提高我的动力，然后迅速地转化成我的产能。

亲爱的姑娘，升级你的美貌吧，哪怕你并不屑用它来社交。你要知道，拥有一副美丽的皮囊，不只是对外展示，更是为了给自己的自信加持。

皮肤保养

健康、透亮、水润的皮肤，给你的第一印象是什么？在我看来，这样的女孩子基本上都是养尊处优，有一种得天独厚的贵气感的。

但不是每个人天生就能拥有一副好皮肤的，作为一个在变美路上踩过无数坑的倒霉蛋，我会建议你“护肤和医美共存”。

好的皮肤状态和人一样也需要内外兼修。我有一个造型师好姐妹多多，虽然已经30岁了，但皮肤真的跟18岁的姑娘一样，吹弹可破，满满的少女感。她告诉我：对外，平常生活中做好防晒和补水保湿，其实就已经完成了80%的精简护肤；对内，多喝水，减少进食糖分高的食物，比如奶茶。生活中有太多禁忌反而会活得不自在，但前面列的几项小习惯，如果能够长期坚持下来，皮肤状态会好很多。

不要轻易去整容，但也别抗拒医美。科技进步，如今的医美技术其实已经无比成熟了，如果你有需要，而且已经做好了功课，确保安全性，那么可以一试。

穿搭风格

穿搭风格这件事的主观性比较强，个人审美不同形成的风格也各异，但我们要学会付出“试错成本”。

以前我是什么热门穿什么，根本不管合不合适。

穿搭风格需要你自己去摸索，但在这里，我想把一些我买衣服踩过的坑分享出来，希望你能少走些弯路，少花些冤枉钱。

（1）当季热款要谨慎购买，尤其是那些调色盘单品。

譬如2020年流行色琥珀橙、2021年流行色明亮黄，还有前段时间很热门的克莱茵蓝……它们都属于高饱和、高亮度的色系，而这些色号往往是为了当年的秀场和品牌服务的，适合在一瞬间抓住别人的眼球，所以淘汰率也极高。要知道，更多的时间你是在通勤的路上，而不是在走红毯的路上。

我建议你买那种能经住时间考验的，几十年都不会过时的低饱和度色系，譬如大地棕、卡其色这类中性色调，再或者是黑白灰的经典颜色。这些颜色搭配起来不费劲，更耐看，不容易审美疲劳。

（2）淘汰率高的单品可以买便宜些的，你的钱，要为好版型和好质感买单。

我的消费观是，你可以花50元买一件薄针织打底，但不可以花50元买一件呢子大衣。一个人的精致度是从很多细节中呈现出来的，除了毫无瑕疵的妆容，一件软软糯糯、没有线头、版型利落的大衣也是能够成为加分项的。

（3）印花款式要求质不求量。

还有一种很容易当“冤大头”的款式，就是字母印花类单品。印花类单品其实更适合做小面积的提亮造型的作用，譬如一条丝巾，譬如只露出一小截的内搭领子，等等。衣柜里可以有，但不要求多。花色的挑选也有小门道，尽量挑选品牌 logo（标志）或者经典花纹，它们不容易被淘汰，能够成为衣柜里使用率高的常青款。

身材仪态

健身和塑形的重要性，还需要我提醒你吗？

一个驼背耸肩的人，哪怕穿上一件上万元的风衣，都穿不出自信洒脱的美。日常中记得时时提醒自己注意仪态，有条件和时间的话，还可以去报一些课程，把拿去大吃大喝的资金匀出一部分投资在自己身上。

我知道一定会有人说“没有时间”，比如我工作就比较忙，报过一次瑜伽班却发现根本没时间上。但我平时会常常暗示自己需要注意仪态和身材，比如在走路的时候会幻想自己是个走在秀场的超级巨星，要挺胸，要抬头；坐下时以优雅女士的规矩约束自己，双腿斜放、身体挺直……通俗来说，是“给自己洗脑”，当这种潜在意识已经变成你的条件反射时，便会形成习惯了。

我有一个要好的女企业家姐姐赛佳姐，她是出了名的仪态得体，身材高挑，管理近 3000 平方米的实体餐饮生意，手上握有上亿元的生意，每天忙得天旋地转时，她仍会安排半小时来跳舞或是跳健身操——果然，行动力出色的人配得上她想要的一切。

社交网络上还有一些塑身课程，你也可以每天抽点儿时间跟着学。

身材仪态管理是“欲速则不达”的，因为它是一个长期性的投资。

在万千人海中，别人看到你的一眼，就是那副美好的皮囊。这在一定程度上决定了你们是否有进一步的发展，放在任何关系上都是如此。所以女士们，重视你的外表吧，女孩子本就天性爱美，多花些心思在打扮上又有什么错呢？

2.5 有趣的灵魂
——修炼你的谈吐/情商/情绪（享乐时间）

感知世界、自我修炼、学会沉淀，

有趣的灵魂方能久处不厌。

当初“有趣的灵魂”这个词刚刚热起来时，我看到过一个小调查，那位记者问，“美丽的皮囊”和“有趣的灵魂”，你更想拥有哪一个?

我还曾仔细揣摩要选择哪个答案，但如今，我只想用时下热门的那句话来回答——“小孩子才做选择，我全都要！”

我身边有个朋友，就称她为小野姐吧。每次看到“有趣的灵魂”这个词条，我总能第一时间想起她——风趣幽默，爱好丰富，脾气极好。她属于不算特别出类拔萃但有趣的那类人，但正是因为这些“有趣”，她在我眼里也变得格外优秀。

小野姐是某个地产公司的项目合伙人，我认识她是因为她“嘴很碎”，当然也是个很有意思的姑娘。

那天我和合作伙伴谈事情，而小野姐作为项目合伙人刚好在场。她安安静静的，一开始我并没有太留意她。中途合作伙伴出去接了个电话，偌大的会议厅瞬间变得安静下来，也许是怕我会有些尴尬，小野姐开始主动和我搭话，天南地北地闲聊。

我说“你的性格和外貌看起来简直像两个人呢”，她答“那多划算呀，我吃一份饭能养活两个人”。我会心一笑，当天因为丢了个快递件带来的阴霾，在短短的 5 分钟聊天里竟然就烟消云散了。合作伙伴打完电话回来，看到我们俩在谈笑风生，惊得目瞪口呆。

在我看来，“有趣的灵魂”应当包含了新鲜感和舒适感，它也往往和高情商挂钩。新鲜感是指言行、举止、人生价值观等都能给人带来耳目一新的感受；而舒适感，是你觉得与对方相处起来十分舒适，他并不会越界，也不会仗着有资历来干涉你的想法。我们要多结识这样的人，我们也要努力成为这样的人。

一个只会埋头吃苦，不与人交谈，对美好生活只是通过“熬过这段日子就好了”来构建的人，你怎么能够指望他会腾出时间打造“有趣的灵魂”呢？在生存时间之余，愿意去感知世界、去自我修炼和沉淀，唯有自我快乐了，才能拥有“有趣的灵魂”。而只有“有趣的灵魂”，才是与这世界久处不厌的法宝。

这个“久处不厌”，除了是对他人，也是对自己——对其他人来说，你会是一个能向四周源源不断地输出新鲜能量的人；对自己来说，一个人愿意不停体验新的事物，这说明你拥有足够的内驱力，而这样的人往往能够有所成就。

这也是我们一直提倡工作和生活要平衡的原因，工作是你生存的意义，但生活才是你活着的意义。

学会修炼品性，感知自我

和别人聊天有一个前提，要会聊天。小野姐有趣、高情商的谈吐，绝不是先天形成的。她的聪明之处在于，她明白边界感在哪里，也明白聊些什么会令对方愿意放下防备。

我们要会和别人聊天，小诀窍是，急事慢慢说，小事幽默说。可以自嘲，但切记不可以过多地窥探别人的隐私，譬如“我听说你和你的家人如何如何”这类话题，如果并非对方主动提起，再好奇都要憋在心里面。

把控情绪，也是值得修炼的一门课程。前段时间一位明星在采访里提到自己已经把“情绪戒掉了”：无论发生天大的事，都和自己说，给自己一个晚上的时间，让这件事过去。这个办法对我来说也是屡试不爽的，创业这些年我可谓历经磨难，不解、委屈、质疑、崩溃……但我明白，这些坏情绪只能自我消化掉，才能在明天太阳升起时依然干劲满满地奔赴前程。在这一次次的锤炼之中，方能锻造出强大且坚韧的内心。

学会体验新事物，感知世界

人生乏味的话，不妨去看一场脱口秀，或者尝试一次高空跳伞？

我这几年体验了许多人生第一次。鼓起勇气来体验这些真的很有意思，我发现当人充分感知世界之后，很多见解都会在无意识中发生变化。怪不得那些周游列国的旅行家都有一种特别的气质——洒脱、快乐、自由，因为他们在与世界的接触中逐渐完善了自己，这应该就是感知世界带来的变化。

给自己定一个目标——一年至少有一次外出旅行，无论远近，用以感知新的世界；一年至少体验一次新的事物，用以锻炼自己敢于尝试的勇气与果敢；一周至少有一次与朋友讨论深度话题，用以深化自己的认知，训练自己的谈吐。

我一直提倡女士们要做到内外兼修，但它有一个不可忽视的前提条件，即你要拥有付费意识，要扭转你的消费观——在外人看来十分优秀的那些女孩儿，其实是用时间和金钱成长起来的。

无论是美好的皮囊，还是有趣的灵魂，都算是长期投资的最优回报。

2.6 强大的内心
——滋生于你的见识与底气中（独处时间）

学会独处，

是一个人终生都要学习的必修课。

独处，其实也是一种沉淀总结，这是用以和自己对话、深度自我思考的机会。在独处时间里，你可以思考一切合理或不合理的问题，譬如星环是如何留住宇宙尘埃与碎片的，又或者是，如果时间倒流，你又会选择走哪条路呢？

唯有独自思考，才能有底气抛弃那些无结果的幻想

随着事业有所成就，我的圈子逐渐变大了。我跻身不少名流派对，去过不少需要正装出席的酒宴，身边开始不乏年轻有为的才俊，还有年轻漂亮的姑娘……他们虽身份各异，但都那般容光焕发。

我一度为我跨进了高质量圈子而暗自欣喜，但知道得越多，我就越能看穿许多隐藏在富丽堂皇下的错误认知。

如果一个没有资历、没有底气的女性，单凭着二十来岁的年轻貌美，就妄想一跃飞上枝头，这样的人生计划就大有疑问，因为绝大多数时刻，美丽的皮囊只是岁月赋予的短暂优势，人不会一生都活在它的红利之下。

单打美貌这张牌必输无疑。它更像是锦上添花的存在，是奢侈品包包上的镶钻锁扣，是凡·高画作上的那抹明黄色。我们要学会合理使用美貌来赢得一些机会，而不要幻想靠着美貌走上人生捷径。

唯有独自思考，才能在嘈杂喧闹的人群中自持

身边的环境永远都是热闹的，永远充斥着各种各样的信息、各种各样的眼光、各种各样的人。当圈子越杂，我们就越要学会筛选有效信息，给圈子做减法——这个人是否值得我与他维持紧密联系？下次这一类的饭局我有必要参与吗？

静能生慧，在宁静之中方能增长智慧，所以人才需要那么多独处的时刻，用以自我复盘和检索。请务必珍惜独处的时间。

一个人的时候，精神力能够集中到前所未有的程度。你思考得会更长远、更详细，你能够更正确地判断当下的进退与利弊得失。

一个人的时候，你可以安安静静地翻阅完一本书，甚至可以远离人群，独自驱车去城市周边散散心。

唯有独自思考，才能真正认清自我，找到最想走且最擅长的那条路

能赚钱的路有很多条，但不见得每一条都适合你，正如有些人适合种花，有些人适合开花店一样。认清了自我，选择正确的路再去努力才有意义。

小时候我们几乎都有过豪言壮志，要做科学家，要成为老师，要探索太空……但是能够真正把这些童年的梦想实现的人却寥寥无几。因为在长大的过程中，我们又从外界吸纳了许多新的信息，又被教育或新的观念影响。譬如，相比做科学家，自己好像更喜欢做个画家；譬如，探索太空需要超强的身体素质，但自己并没有，诸如此类。你在经过一番思索后，最终决定换条路走。

这多好啊，你在探索世界的路上，也慢慢看清楚了自身。

回想我走过的这些年，艰苦而又孤独。这些时刻一直在循环往复、此消彼长，我一度以为自己已经习惯和麻木了。在无数个无人打扰、独自思考的深夜，我剖析了行业、剖析了自己、剖析了环境，正是在那一份份的总结文档中，我逐渐拨开云雾见青天——原来在这些磨难中，我已经慢慢认清了自己，并构建起了更清晰的未来。

把自己想象成小说的主角，接受孤独，享受孤独。追梦路上总会有一些难熬的时刻、不被理解的时刻，要学着忍受和克服，最终让这些独处时间磨砺自己的成长。

一个人的成功并不是偶然的，所有你看到的所谓“成功人士”都是如此。

厚积才薄发，天道只酬勤，你不知道他们在你看不到的地方熬过多少孤独，受过多少委屈，才成了一个比较好的自己；你不知道他们做了多少思考和不舍的决断，挨了生活多少刀，才杀出一条血路；你也不知道他们又是如何想尽办法维系自己的圈子，链接他们的人生贵客，才获得一个冒头的机会……但当他成功的那一刻，当他站到聚光灯下的那一刻，所有苦难都已经变得不值一提了。

“却顾所来径，苍苍横翠微。”千帆过尽，一个新的引路人已经长成。此刻的他，是凝聚了有趣的灵魂、美好的皮囊、强大的内心于一身的勇者，拥有了能共情后辈的同理心，也拥有了向社会传递价值的责任心，像这些年一路磕磕碰碰走过、最终小有成就的我一样。

亲爱的姑娘，竖向成长、横向生活吧，人生的筹码握在你自己的手上。

第3章

原来还可以这样活，构建理想中的“希雅生活”

每个人心目中的理想生活
也许各不一样，
/
但它都代表了一个人
在心里为自己建造的
那座乌托邦

3.1 不做销售，过上理想中的生活我得多花 10 年

在哪条轨道上努力，

结果有着天壤之别。

销售，说到这个职业，你脑海里的第一想法是什么？

是门槛低？需要很强的社交能力？还是淘汰率极高呢？每年跨入这个行业的人不计其数，当然也有不计其数的人，迫于压力从销售的行业离开。但不得不说的是，有很多普通人，通过销售改变了他们的生活。

前段时间刷朋友圈，看到一位大学同学倩倩发了条动态，向朋友圈求助关于房子转租的信息，刚好我认识一位关系不错的房东，于是我马上引荐她认识了一下，闲聊间我们互相分享了近况。

毕业之后，倩倩和我一样，进了一家小外贸公司做业务员，开始了平平无奇的"打工生涯"，跑业务，谈客户，然后凭着业绩和能力多劳多得。我俩的人生规划几乎是高度重合的——抗压能力强的，就在这一行上兢兢业业地往上走，然后存下点儿积蓄，在那座城市扎根；觉得这一行淘汰率太高不稳定的，就拼搏个几年后回到父母身边，结婚生子，过着多数长辈都期望的那种安稳平凡的生活。

在念书的时候，倩倩的专业成绩就一直是班上的前几名，长得

也精致秀气，当初在班上就已经是公认的优秀学生。我知道她有想要闯出一片天的野心，在校招的时候，收获offer最多的也是她。如今毕业五年了，她也从一个小小的业务员飞速成长为销售经理，工资也涨到了五位数。一万多元的月薪，在深圳这座一线城市中，在外贸这个传统行业里，虽不算高，但也绝对不低了。

与倩倩不一样的是，我这个人“天生反骨”，传统销售没做多久，就转行到了新媒体行业去另寻出路了。新媒体这个新兴行业，在当时以我的拙见看来是新鲜有趣的，毅然转行的时候，其实我并不知道我能不能在这行待下去。

于是，同样的起点，同样都在做销售，我和倩倩两个人的人生进程却逐渐开始变得各有快慢。这次赛跑在多数人之中，倩倩是拔尖的那一类，但我搭上了时代的便车。

是的，这一切变化的原因，是我选择了一个更高效的赛道。在哪条轨道上努力，结果有着天壤之别。

开头我说到一句话，有很多人通过销售改变了他们的生活。销售是一个职业种类，但如果放在更大层面上来讲，它又不单单是职业的一种。其实你生活的很多方面都在围着销售转，人的一辈子就是在“销售”和“被销售”中度过的：有些人通过提升自我，把自己的时间销售得值钱；有些人销售自己的经验，把经验包装成课程产品出售……销售无处不在。

我总结了一下身边朋友的情况，并把他们大致分为了三类人，那么随我一起来看看，在“做或者不做销售”的选择上，他们过上了怎样不一样的人生吧。

第一类，不做销售的人。

那会儿我们宿舍还有个女孩子，她是属于一心过安稳日子的那类女孩，想待在爸妈身边，所以当我们还在为实习转正的业绩而苦恼的时候，她已经在她老家的国企单位里当上按部就班也几乎没有工作压力的小文员了。

写这篇文章的时候我还去打听了一下她的近况，得知她去年已经结婚了，先生是当地中学的一位老师，小两口恩恩爱爱，最近还置办了新车。

她不做销售，敛起野心，过上这样舒适慢节奏的生活也是一种选择。循规蹈矩地上下班，也不用担心业绩不过关会被裁员，国企单位的五险一金和员工福利有保障；但她的薪酬也不高，可能每隔几年才涨一点点，又可能未来几十年的工资都是稳定无波动的，虽然如此，也足够她在三线城市中存下一点儿钱来经营好自己的小日子了。

第二类，做传统销售的人。

如今的倩倩和曾经的我都在外贸行业，其实做的就是传统销售的一种。倩倩有一些自己的主见和野心，像北上广深的多数人一样，她也想在竞争力极强的城市里打拼出一份自己的小事业，然后在逢年过节时给爸妈发零花钱的时候，能够阔绰大方，毫不犹豫。

外贸销售是建立在客户订单量和业绩上算薪酬的行业，和所有销售性质的工作一样，是一份“多劳多得”的工作。倩倩用了两三年时间的铺垫，才拥有了自己的稳定客户，然后又打拼了两年，终于做到了销售经理。她这些年都坚持朝九晚九地挤高峰时段的地铁，有时候周末也要抽时间出来和客户保持联系。

订单最多的时候，倩倩的到手薪酬突破过两万元，但在深圳这座房价排名全国前列的城市，她改善自己居住环境的方法，只能是从大单间换成了一室一厅。

家里人也有不解，觉得一个女孩子在外面承受如此大的压力多么难熬啊，但倩倩依然坚定，她要再努力多做些订单，争取早日能够让自己在深圳买一辆新的小轿车。

第三类，做新媒体销售的人。

所谓“新媒体销售”，就是依托互联网、不限于卖实物产品的一类新型销售。比方说我，我通过包装我自己的转行经验，把它们打磨成课程产品在平台上通过互联网发售出去，当有用户为我的知识付费时，也就促成了一种“销售”。

和传统销售一对一沟通不同的是，新媒体销售基本不会受时间、地域等因素的影响。当我把这份课程产品上传到平台上，用户可以在早上买，可以在半夜买，甚至在某个时间段内可以同时有 20 个人付款下单，有时候我一觉睡醒，会发现又成交了许多新的订单。

在销售“多劳多得”的行业属性下，我用更短的时间收获了更多的回报。

新媒体作为新兴行业，上升空间很大，并且个人优势更容易被看见，所获得的报酬也比做传统销售更高。同样五年的时间，我已经从外贸业务员发展到打造个人品牌，早他人许多步实现了人生目标，过上了自己的理想生活。

通过这三个故事，我们可以看出做销售的好处及它的无限可能。

我们不需要抵触“销售”这个行业，也不要戴上有色眼镜来看它。如果你正处于职业瓶颈期或迷茫的人生阶段，想更高效地赚到钱，并且还有野心、有拼劲的话，我建议你可以尝试做销售。

我知道你会问什么——我不会跟人打交道，怎么做销售？首先，打破“销售就一定要口才好”的观念框架，在渠道如此多的今天，你能出售的东西、你出售东西的方法，其实有无数种。

靠口才来赚业绩的销售，只能算是最普通的传统销售，比如买口红时向你介绍色号的柜姐，比如逛商场时向你推销牛奶买二送一的促销员。销售其实还包括商务型销售，比如我所在的新媒体行业、网文写手；资源型销售，比如有稳定客户的外贸员等。

你可以根据你的性格、技能优势、人生目标来判断自己是否要做销售这一行，以及做这一行的话，你又要选择做什么类型的销售。

如果你选择了走销售这条路，那么接下来赛道的选择就显得十分重要了。比如，如果你不想做用口才带动销量的普通销售，或者说你本就内向不善于社交，那么可以考虑出售你的其他才华——你的经验、文笔等，这些都可以成为你的销售产品。

赛道的选择，基本上就决定了你的天花板有多高，成果能做到如何；结果的不同，就决定了人生的维度不同。一个普通的柜台销售，做到业绩顶尖，可能会被提拔为店长；但一个 Top1 的网文写手，可以凭借文章热度慢慢累积粉丝，最后打造出自己的 IP。要知道，一个值钱的 IP 也是一棵常青的摇钱树，IP 影视化把你搬上大屏幕增加曝光，IP 实体化的版权费让你坐拥收入……

如今，我可以说，如果当初没有选择做新媒体销售，那我过上理想中的生活得多花十年。是销售，让我实现了人生的弯道超车。

3.2 注意力时代的个人品牌红利

在注意力时代，越来越多的普通人，

也拥有了被看到的机会。

在我写这篇文章的前一天，“直播一哥”李佳琦重回江湖。虽时隔三个多月，但他在直播带货界的地位依然无人能够撼动，一句“所有女生”，能让直播间所有姑娘们一秒进入“战斗”状态，上万件库存产品瞬间售空。

李佳琦从一个普通的欧莱雅专柜销售，到每次品牌活动的“销冠”，再到依托互联网成为头部主播，不难发现，在他从欧莱雅“销冠”成长为全品牌“销冠”的这条路上，互联网流量给了他极大的支持，甚至可以说更快地改变了他的人生，让“李佳琦”从一个普通名字，变为了“实惠靠谱”的代名词。而他也不过刚三十岁出头而已。

因为新媒体渠道的崛起，无数普通人也可以积累粉丝，拥有打造个人品牌的机会。正如微信公众平台那句口号：再小的个体，也有自己的品牌。

同样吃到个人品牌红利的网红博主也有很多，黎贝卡就是其中一个典型的例子。与李佳琦一样，她从素人记者起步，通过做自媒体，实现了越来越多的商业变现。她依托于微信公众号打造起来的

“黎贝卡的异想世界”个人品牌，如今已经做到一篇文章销售额达到100 万元的出色成绩。

现在的黎贝卡就是时尚精致的代名词，活成了大多数女孩羡慕的样子。她不仅能够在巴黎的红毯上拍时尚大片，还能够和故宫联名出周边产品，名利双收的她，已经有足够的底气在一线城市买下一套价值千万元的大平层了。

从一个专柜销售到头号主播，从一个普通记者到头号博主，随着这些上榜《福布斯》、报刊榜单的青年才俊越来越年轻，我们越来越能够意识到互联网新媒体带来的影响力之大。那些趁早吃到了注意力时代的个人品牌红利的人，早就已经实现弯道超车，远远把普通人抛在身后了。

注意力越来越碎片化的今天，被看见成为一种更为稀缺的能力。

学会利用互联网与新媒体的优势资源，迅速为自己建立起个人品牌，打造自己的销售 IP，你的收入、人脉、影响力才会呈指数级增长。

回想以前想要出一本书的艰辛，你要通过不停地给报社投稿，获得曝光机会来积累粉丝，也许一周只有一篇，也许等好几个月你的稿件也无法被发表……你要不停地写、不停地发表内容来获得一个机会，可能要一年，也可能要十年。等到出版社判断你的影响力足够支撑这本书的销量了，你的书才能够拥有面世的机会。

如今不一样了，你可以在平台上自创账号发表自己的内容创作，只要不违法、不违反公序良俗，你任意发什么都行。有些幸运儿抓住流量热度产出了一篇爆文，在互联网流量的传播优势下，人和人、圈子和圈子互相链接，他可能在短短 24 小时内就能够做到涨粉过万。接下来只要他不停输出内容来维持粉丝黏性，那么一个新的个人品牌也就随之诞生了。

在做新媒体商务时，我在机缘巧合下认识了老路。那时候他的团队已经颇有规模了，正在线上以网课的形式分享一些商业教育经验，已经成为一个商业教育领域实力十分强劲的知识 IP。但谁曾想，几年前的他，还是京东集团的副总裁呢。

我听过老路的一些课程，学习到了很多新的商业思维，同时，也是在老路这里，我第一次真正接触到了“个人品牌”的概念，也看到了更多的可能性和新的商业版图。

被看到，才能有收获。比如老路一篇文章收获了 10 万 + 的阅读量，那么这篇爆文就有机会被流量算法重点推送，此时，一个陌生人无意间点进了这篇文章，觉得很有意思，于是多看了几篇，顺手点了个关注，成了粉丝。接下来随着认同感和信任感的增加，老路推出的新书或新课程，这位粉丝都会极有可能买单，这就是个人品牌带来的红利，“被看到”转换成了“收益”。

个人品牌红利包含有三种——传播红利、信任红利、品牌红利。

IP 背后的传播红利

为什么一个在学校教书的老师，一年赚一二十万元，但是做了自己的知识付费产品，一堂课就可以卖到 100 万元？

其实本质上就是因为 IP 型产品的传播效率，把一个人原本的能力放大了无数倍。

打个比方，一个普通销售一天能见 5 个客户，但是一个会写作、会做课、会拍短视频的销售一天的触达面可能是成千上万个，这之间就是成千上万倍的差距，根本不是一个量级的竞争。

传播力的竞争就是效率的竞争。

IP背后的信任红利

在互联网时代，营销人员与市场的沟通变得更加容易和便捷。

我的一位老师刘翌在他的《私域流量池》一书中多次提到："比传播更重要的，是沉淀用户。"比如你在微信公众号上写了10万字，如果不能转化为订阅关系，这个传播就是没有任何价值的。传统媒体就是缺少了媒体与粉丝之间的互动属性，没有用户沉淀，才没有太大的影响力和商业价值的。

10万字如果能带来20万或者50万的订阅用户，这才是真正的价值。

比如我通过在微信公众号发布文章和视频，有20万粉丝，也就是说，我收获了20万订阅者的注意力和信任感。如果品牌方找我做广告，我是可以按粉丝数收取广告费的。

注意力和信任感，是最大的商业价值。

IP背后的品牌红利

知名度、美誉度和忠诚度，是品牌用户价值的三大要素。

以微信公众号、种草社群为代表的网络社交软件已升级为品牌"商业信用宝库"，通过精心策划朋友圈和群发售的形式，给用户创造身份和情绪价值，从而提升用户对品牌的忠诚度。

对于个人IP来说，课程是建立粉丝忠诚度最好的方式。比如我通过付费课程，全网累计付费用户超1万人，靠着这群忠实粉丝，我在内容电商版块也取得了惊人的成果，入账超 200 万元。

有了 IP 影响力的我，先后为各种日化、美妆、家居品牌提供内容电商服务，助推品牌销量过亿。

你现在卖产品和服务，必须打造个人 IP，学会经营内容、情感和私域，构建你的 IP 护城河。

我希望你能够早日意识到——

被看到才能有更多人靠近你，你才能获得更多信息和机会；信息和机会的积累，有助于打造个人品牌，有个人品牌才能有值钱的身价；有了值钱的身价，才可以让你获得更多实际性的收益，从而早日获得个人价值及经济自由。

现在市场竞争越来越激烈，你只有充分展示自己，才能让大家认识你、认可你，你才能脱颖而出。

3.3 升级个人商业模式，学会一份时间出售一万次

人与人最大的差距，

就在于怎么把时间价值最大化。

你有没有思考过一个问题，同样是销售，为什么外贸业务员只能一对一面对客户，花费几个小时请客户吃饭、谈天说地，才能成交一个订单，而李佳琦只需要一句“女生们，321，买它！”就能把上万件库存产品瞬间售空？

是效率差别、销售渠道的差别，还是行业属性的差别？

其实都不是，从本质上来讲，二者的区别只是商业模式的不同。商业模式有点儿像时间，“它的存在”与“它是否被运用”之间毫无关系——你用与不用，它就在那里。

我们每个人拥有的最宝贵财富是时间，我们每一个人每天都有24个小时，在这一点上是很公平的。无论你是在替老板工作，还是帮别人提供服务，或者是自己做老板，都是在出售你的时间，而你能赚到钱的本质是因为你出售了时间。因为如果你不再需要用出售时间的方式来满足自己的生活所需，那就意味着你实现财富自由了。换一句话说就是，在实现财富自由之前，所有的人都是在出售自己的时间。

在看清这个本质之后，我们可以这么来定义个人商业模式：所谓“个人商业模式”，就是一个人出售自己时间的方式。

同样都是出售时间，但不同的角色出售时间的商业模式却有本质上的不同，这个将决定你能够在有限的时间内赚多少钱。

我们来看一个更生活化一些的例子吧。

假设A与B都是某家公司的员工，某日老板交代两个人，在一天之内必须交出一份方案给他。

已经在职场摸爬滚打了十多年的A，早就失去了年轻时的满腔热情，他觉得反正老板采纳他的方案的概率基本上为零，于是他东拼西凑做出一份PPT，在下班打卡前一分钟提交给了老板。从A的观念看来，只要在deadline（截止日期）之前完成并交付，那么他就算完成了这份工作。至于老板采不采纳，谁管得着呢？

B是立志想做斜杠青年的“叛逆打工人”，这几个月来他一直都在更新他的自媒体账号，现在的粉丝数已经破千了。同样8个小时的时限，B用6个小时的时间高效做完了这份提案，并且观点精练，PPT做得也十分商务、大气。剩下的两个小时，他抓紧时间利用公司资源学习了一些运营方法论，并且剪完了一个准备今天更新在账号中的视频。

同样8小时，A不管质量如何，“我只要完成这份工作就OK了”，B则更高效地完成了任务，在保证质量的前提下，还有剩余时间做其他事情。

那么前者就属于第一种个人商业模式：同一份时间只出售一次，这是我们身边大多数人的常态，职场人士、普通高层等就属于这一种个人商业模式。

无论是职场执行层，还是职场管理者，其实你都把自己的时间“批发”出去了，很多人都过着朝九晚五的生活，把一年之中 115 个法定假日以外的日子里每天的 8 小时一口气打包卖出去了。

后者则属于第二种个人商业模式：同一份时间出售了多次，自媒体人、主播、网红等就属于这一种商业模式。

他们耗费一定的时间和精力创作一部作品，印成册籍，或是搞一套课程，让认可的粉丝购买，就可以将“同一份时间出售多次”了。比如我做讲师的时候，我就是用“一份时间”研究了一套课程，然后通过许多学员购买来实现“多次出售”；再比如前面提到的“直播一哥”李佳琦，他用一场直播吸引百万粉丝，然后带动千万销量，在互联网的助推下，他也是实现了一份时间的多次出售。

除了以上两种，还有第三种个人商业模式：购买他人的时间再卖出去，创业者、投资人就属于这一种。第三种个人商业模式也被叫作“企业家思维”，如果一个人有这样的思维、资本和行动力，那么他就是天生的创业者。

我做品牌、创立工作室的时候，就需要招聘运营、文案、美工等岗位来支撑工作室的整体运转。当我付出工资把小伙伴们招聘进来，然后让小伙伴们在自己的岗位上发光发热，当他们产出了同等或超出自己薪酬的价值时，那么我实现的就是第三种个人商业模式。像我的一些作为企业家或投资者的前辈朋友，比如创维集团创始人黄宏生老师，就都属于“购买他人的时间再卖出去”的个人商业模式。

我们身边的人，或者说我们大多数人，都是属于第一种商业模式的。尤其是在刚毕业的时候，大家基本都一样，靠出售自己的时间获取金钱，主要用于支付生活所必需的费用。多数职场人会很自然地把工作的结果，与那些看得见摸得着的金钱回报匹配，做完任务开始偷偷刷短视频，踩点上班，下班准时跨出大门。如果有人指出他们“不作为”的糟糕态度时，他们的反应通常都惊人得相似——“就给我这么点儿钱，你还指望我能做成什么样？”

处在这个阶段的人，大家的想法基本上是“能把自己的时间卖出去”就不错了，比如找到一份临时的工作，或者是“能够批量卖出去”就再好不过了，比如找一份长期稳定的工作，或者考上公务员等。那抽象地看，优化第一种个人商业模式的方式倒也很直观：

想办法提高单位时间的售价；

想办法提高销售时间的数量。

如何理解“提高单位时间的售价”呢？在一个研究生和一个本科生各凭本事去找同一份工作的前提下，研究生的薪酬待遇是要比本科生高的，这是因为“研究生”的身份更值钱。

另一种职场人常见的提高单位时间售价的方式是跳槽。收 8 小时的钱，干 2 小时的活儿，就等于他自己的单位时间售价变成了原来的 4 倍，利用“信息不对称”，来获得更高的收入。但是这样做的收入也是有天花板的，几乎没有一个人可以通过这种方式，真正实现财富自由。

有一个事实必须了解：单位时间的市场售价无论如何都有天花板。但绝大多数人还倾其一生都谈不上被天花板压着，因为他们所处地势太低，乃至根本看不到天花板。

不断成长的人终将会遇到那个天花板，甚至“不得不”“必须”“必然”要冲破那个天花板，在此之前所付出的努力，事实上都是在为那一刻做准备。

所以为了尽快地冲破那个天花板，你就需要从即刻开始：在给别人打工的同时也为自己打工，把同一份时间出售两次。

我到目前为止，只有两次给别人打工的经历，第一次是在惠州从事外贸业务员的工作，月薪只有2000元。第二次是在深圳的Y生活从事新媒体商务工作，月均收入2万元，最高时甚至达到了4万元。

从结果来看，当初我削尖了脑袋，费尽心思，从小城市来到大城市，从传统行业转行至互联网行业这个选择是正确的，虽然“竞争的激烈性”给了我极大的压力，但是这个压力本身也不失为一种优势，因为人就是这样，不参与竞争就会倾向安逸、停滞不前。趁年轻，多闯闯，总归没坏处。

在知名互联网公司待的一年时间里，我的所见所闻、所思所得给我带来的影响与价值到现在还意味深长，我发现那不是一段简单的“打工时间”，它让我的见识上升到一个新的台阶，而见识决定境界。在这样的思维模式下，其实我已经慢慢在向第二种个人商业模式靠拢了，我把自己的同一份时间出售了两次：

一次是把时间出售给了老板，换取了薪水；另一次是把时间出售给了自己，换取了成长。

把自己变成一个“给自己打工的人”，只要你开始这样做了，你就已经更值钱了。因为思维的成长是很难得的，有些人一辈子可能都会陷在“为老板打工”的底层困境中，公司似乎是他们为了维持生计不得不去的牢笼，哀声怨气，恨不得8个小时的工作时间都在“摸鱼”中度过。

从长期来看，只有升级了你的个人商业模式，才能突破你的职场收入，而比收入更有价值的收获，是先让你的思维升级。

3.4 打造销售 IP，我赚到了人生中的第一个 200 万

实现人生新的可能性有很多办法，但对大多数普通人来讲，打造自己成为行业销售 IP 的效果最为显著。

200 万元是多少，你有概念吗？是一辆保时捷，一套二线城市的房子，还是很多个奢侈品包包呢？

通过第二种商业模式，我赚到了人生中第一个 200 万元。在大多数人眼中那个成绩、身高、家庭都并不拔尖的女孩，如今竟然已经走在了多数同龄人的前面。

在转行进入新媒体商务后，我一路从小白打拼到老手，一个人承担起了公司的大半业绩。那时候我很喜欢在社交网络上分享生活，从转行到转正，从新人到“销冠”，这一路成长都被细细记录了下来，也有一些一直陪伴着我的网友，他们见证了我的成长。

在月薪突破 4 万元的那个月，我欣喜若狂地在网上发了一条动态，许多旧友都在这条动态下面点赞、评论，鼓励并夸赞我年轻有为。一个经常跟我互动的女生君君，更是直接私信我，问了我的具体行业和业务，并且向我请教在短时间内如何做到涨薪这么快的。我告诉她，我做的是新媒体行业，靠的是和合作商谈商务来赚业绩，至于涨薪速度，这就是销售行业的“特权”了——谈成的业绩越高，

提成自然也就越高。

君君表示很惊讶，说什么都要让我给她介绍一下行业前景，还特意给我点了杯满料的奶茶。秉着珍惜网友缘分的态度，我翻出了之前上课做的笔记，然后跟她讲了一些新媒体的行业信息、前景、就业等内容，君君听得眼睛发亮，说打开了新世界的大门。后来又陆陆续续有朋友发来私信，但因为白天工作比较忙碌，所以我只能晚上抽空回复他们，渐渐地我发现有些力不从心了，时间根本不够让我一个个回复他们的呀！

于是我找了个空闲的时间，把他们常问的一些问题都汇总了起来，以“指南书”的形式给每个问题都写了详细的解答，做成了一个文档，这样每当有人问我的时候，我就可以直接把文档发给他们自己理解了。

这也是我“经验集成化”意识的起步之一，把要点汇总，做成一个文档给他们自行阅读，比挨个儿聊天讲解要来得更高效便捷。

事实上，这份文档也确实给一些朋友带来收获，他们从我这份文档里，看见了新媒体这个行业的冰山一角：哦，原来这就是新媒体啊！原来新媒体还有这么多分支啊！这份洋洋洒洒的8000多字的文档，让我收获了无数陌生人的感谢，更有一些网友给我发了个小红包，说是我为他提供帮助应得的，这是学费。

学费！在那一刻，我的脑子里电光石火般闪过了四个字——知识付费。于是在那一年，受到那份文档的启发，同时受到我的朋友老路的影响，我萌生了做知识付费的念头。

如果我能帮助那些对新媒体完全没有概念的人，从知道“什么是新媒体”到“通过新媒体赚钱”，并且还能够通过这种方式获得收入或是找到一份新媒体行业的工作，解决自己的生存所需，那么岂不是一举两得！

当然，还有很重要的一点是因为我想明白了，为了让自己更有价值，我必须寻找一个方式来运用第二种商业模式，就是让一份时间出售很多次——这是个必经之路。因为我们每个人的时间都是有限的，用了就没有了，不用也没有了，是不可再生的资源，所以你只有一个办法——把同一份时间出售很多次，次数越多越好。

而当时我找到的方式，就是做一套线上网课。在正式从Y生活离职之后，我就开始把做知识付费这件事付诸行动了。我先是询问了在行业峰会上认识的朋友老路——小商业创业学院创始人，他开发的一套《用得上的商学课》在18年火遍整个新媒体知识付费圈，他的知识类产品线全网累计付费用户数突破100万。他听完我的规划自然是十分支持我的决定的，但支持归支持，他问道："那你打算做什么网课呢？"

这句话算是把我问倒了。我脑子里迅速走马观花地过了一遍我二十来岁的人生轨迹，发现能够拿得出手的、能够有资本传授的东西，除了转行成功、新媒体商务的业绩不错，基本上无多了。

想起那一份被朋友们奉为指南书的文档，我当即就下定了决心：我想把我从传统销售行业转行到新媒体的经验，浓缩成一份课程产品，出售给那些同样想转行但不知道从何入手的人，从0到1，手把手带他们掌握入职所需要的技能。

另外我想起来原先在Y生活工作的时候，有不少品牌方的人高薪挖我去他们公司做合伙人，想让我帮他们拓展市场。但当时我并没有为之所动，因为那个时候我还是想继续留在Y生活工作，因为在我没有资历的时候，是它给了我一个好的平台让我成长起来，我很感恩公司。

市场有这方面的人才需求，如果能有很多个具有这种工作能力的人，那不就可以解决行业人才短缺的问题了吗？那我就可以把上过我课程的学员推荐给这些朋友。这样的话，课程相当于是一个载体，解决了培训行业人才的问题，也解决了输送人才的问题。那就是一个商业闭环了，是不是？我兴奋地告诉老路我的想法。

老路思考了一下，然后点了点头表示肯定，说可以试试。

于是，在无数次向前辈的请教中，在一节节的学习讲座中，我对于"知识付费"的整体理解也逐渐成形。当时我的第一份课程产品是一份单价 1299 元的"大表姐转行课"，因为满满的干货和学员的好口碑，卖了 2000 多份。那时我甚至都还不会包装这个课程，"转行课"这个看起来十分朴实的名字，还是在朋友的强烈建议下才被正式更名为"新媒体商务实战营"的。

其实我是幸运的，因为那一年刚好也是知识付费爆红的一年。数不清的专家教授出来讲课，也有极其多的数百万粉丝的自媒体大咖出来售卖自己的能力，开设训练营。

在天时地利人和的完美机缘下，我开启了从职场商务人员过渡到新媒体商务导师、知识 IP 角色的转变。

这个转变真不容易啊，朋友喊我吃饭我说没空，朋友给我发旅游照片我甚至都没空打开……我几乎是放弃了绝大多数的娱乐活动和享受生活的时间，才换来了飞速成长。

随着"大表姐课程"的名气逐渐提升，我出品的课程也获得越来越多人的肯定。以前有过商业合作的一些合伙人向我抛来了橄榄枝，邀请我去他们公司为他们的员工做培训讲师，并且再三承诺会给我翻一倍的薪水。说实话，我确实有狠狠地纠结过。这样的橄榄枝其实并不止一根，但到最后还是都被我拒绝了，因为在我看来，我做课的初心也并不是为了要跳槽到更好的公司去。

课程第一次卖出 10 万元的时候，我兴奋不已地请老路吃了一顿饭。我说，你随便点，点便宜的就是看不起我这个未来的女总裁。老路哈哈大笑，他问我，第一次通过这样意想不到的途径赚到钱，你心里有什么感想呢？我沉思了一下，在那 5 分钟里，我深刻剖析了我的这份“兴奋不已”的情绪，发现它的来源竟然是“成就感”。

于是我回答，我觉得能够帮助这么多人走上新的人生道路，比赚到这 10 万元来得更有价值。

我这个回答让老路眼里一亮，他当场就放下刀叉鼓了鼓掌，然后说什么都要敬我一杯。他说，人生如果只谈钱什么的，那就太俗气了。

跟老路吃完饭回到家的那个晚上，我特意打开了微信公众号后台，一条条地点开那些用户留言，有长有短，几乎都是以“你好”开头，以“十分感谢”结尾。我记得当时有个女生给我留了很长很长的一段话，大概意思是我的课程让她坚定了走新媒体道路的信心，在家里绝对反对的压力下，她拿到了“大厂”的 offer，用实力堵住了那些悠悠众口。

知识付费最大的价值在于对一个人的启发与指引，帮他打开一个新世界、新领域的大门，节省自我摸索的时间成本。

我不是超人，不能改变所有人生命的运行轨迹，但我能够通过我的课程，让学员收获到人生的另一种活法。而他们能够学有所成，则让我的人生价值变得更加丰盈了。

在这些“互利共赢”中，我逐渐意识到了第二种个人商业模式带来的无限可能，也意识到个人价值和社会价值的重要性，以及个人品牌 IP 在互联网新媒体中的影响力。

这一切的认知是我在传统销售行业中，终其一生都无法接触到的层次。于是在收获这些认知的成长中，我找到了人生的新意义，那就是自我价值和社会价值的实现，我想让更多曾经和我一样迷茫的人，找到他们人生的灯塔。我走到今天几乎都是靠自己一步一个脚印走来的，但此刻，我想成为他们的贵人。

所谓眼界决定未来。随着“大表姐”这个课程 IP 的成型，我也有了更多探索未来的野心。

3.5 亏了 100 万还放不下奖杯，你就彻底输了

这世上，失败是常态，唯独成功才是偶然，

无论如何都别丢掉从头再来的勇气。

全职做知识付费讲师后，我的时间相对自由了一些。这个“自由”并不是想不工作就不工作，相反，我的工作量变得更多了。

在新媒体商务的高压下打磨出来的我，抗压能力和自制力还算合格。我常常在半夜做总结、写教案、备课，一旦忙起来就是按一个月为周期，整月无休，然后在结营后给自己一个星期的放松时间，再继续开始高强度的运转。

那时候我朋友笑我是生产队业绩第一的驴，给我一个磨，我都能拉出火星子来。

当然，磨也不是白拉的，随着我的课程影响力增大，许多人慕名前来报名学习，高峰时期，我的一个商务班训练营让我收入 20 多万元。第一次给我妈发 10 万元“零花钱”的时候，我妈担心地打电话来，语重心长地告诉我，闺女，犯法的事情咱们可千万不要做。

通过做知识付费，我赚到了人生中数额可观的第一桶金。那对于当时的我来说可是一个天文数字啊——我数着余额里面的零，激动的心，颤抖的手，数了一遍又一遍。

我跟我爸说，爸爸，咱们买车，全款。

我又跟我妈说，妈妈，咱们买房，也可以考虑下全款。

这把我爸妈给吓坏了，连夜赶来深圳问我是不是进了什么新的诈骗陷阱。他们那个没有好背景，也没好学历的宝贝闺女，刚刚毕业三年多，就能全款买车了？当然最后我还是耐心地解释了一遍新媒体带来的红利，尽管长辈们听不太懂这些新鲜玩意儿。无数的夸奖和艳羡投在了我身上，我身上笼罩着“年轻有为”的光环，在那些掌声和鲜花中，我的野心也慢慢变大了。

出于女孩子爱美的天性，也出于对自由职业有了一些接触，我在许多人的不解中，做了个大胆的决定——尝试新的赛道，做美妆和穿搭。

资深的行业投资人洪老师是第一个出来阻止我的人。她觉得我在知识付费这一行刚刚做得风生水起、小有成就，为什么要中途放弃去做一个从来没有接触过的东西呢?

我当然也有自己的想法。从小城市出来的我，本身也会有一些自卑感，无论我混得如何“小有成就”，在那个阶段的我会无比疯狂地想要变得光鲜亮丽一些，自信满满地出现在大众视野中；香水口红、时尚杂志、品牌服装，这些与美相关的事物，对女生来说，本来就拥有无穷的吸引力……最重要的是，当时我认为当下的我，拥有绝对的资本和实力，能跑赢这条赛道。

不止一位朋友阻止我疯狂的举动，资深的商业顾问相波老师，甚至搬出了数据试图说服我放弃：过度饱和的市场、影响力下降的指标……但年轻就是倔。我力排万难，又迈出了人生新的一步。我无比期待走这条路，仿佛一个精致小资的生活环境已经在向我招手了。

曾经在杂志里看到的模特身上的精美衣服，百货商场的专柜里的各大品牌彩妆，社交网络上订阅的博主每天都在发布其漂亮精致的照片，这一切都让我对“美妆博主”这个看起来光鲜亮丽的职业产出了许多梦幻泡泡，我无数次都觉得这才是我想要做的那份工作——哪个女孩子不喜欢化美美的妆，拍很多漂亮照片呢？

最终我的工作室落成于深圳福田，这个一线城市的 CBD（中央商务区），繁华、灯火通明，匹配我如今“准时尚博主”的身份，也满足了我那时候对未来的所有构想。

这是一条新的赛道，我从未尝试过。我面临的第一个坎是工作室的组建。虽然地址找好了，可是工作室需要什么样的构成和岗位，我完全没有经验啊！于是我又挨个儿去问一些前辈，当老路听说我做了个美妆工作室的时候，他握着茶杯的手微微颤抖，然后一连喝了两壶茶。

虽然万分不解，但他作为前辈，也作为我的老师，还是把他组建团队的全部经验对我倾囊相授了，大到工作室的运营方向，小到一些岗位的招聘文案，知识干货多得堪比当年备战高考的重点补习班。

一群势必要闯出一番大事业的小伙伴聚齐了，我的“大表姐美妆工作室”揭牌的那一刻，是我二十多年的人生中最快乐的时候。

在一切业务起步之前，工作室需要做资源储备工作，说白了就是买买买！做美妆和穿搭，没有化妆品和漂亮衣服怎么能行呢？我的助理是一个刚满 20 岁的小姑娘，听到未来一周的工作都是去商场刷卡买东西，她开心坏了，半夜两三点还在给我整理推荐的口红色号。

这一个星期我的银行卡被刷走了20多万元，换来了工作室仓库堆成一座小山的购物袋和包装盒，整个工作室的小伙伴们整理仓库就花了足足两天时间。

工作室终于正式开始运转了，借着做知识付费时累积下来的用户资源，我拍的第一条个人宣传短片获得了令人惊喜的播放数据。我平时的工作是跟随工作室的常规业务节奏走的，有时候一些品牌商务活动需要上午到场，我便不得不早早起床做妆造，排练流程，同时还要随时保证状态在线，让摄影师拍出尽可能少的废片。业务最繁忙的时期，我一天要拍将近20套衣服搭配，同时还要抽出时间做新品评测、彩妆试色，研究时尚风向……在聚光灯和镜头前面，我觉得自己像个大明星，这样被众星捧月般的感觉和当初在做讲师时的感觉截然不同。

掌声和鲜花，真的是极其迷人眼的事物。

工作室运作大半年后，我惊恐地发现，自己有些力不从心了。这些情绪很难用语言描述清楚，大抵是我意识到“化妆”不再变成一件享受美的事情，而是变成了一件不得不面对的工作了。每天几十根口红的试色，让我的嘴唇难以承受，出血、炎症算是常态了；长期对着聚光灯，在这样强光的工作环境下，我的眼睛常常会刺痛不已，包包里常备着几种不同种类的眼药水。身体的疼痛倒是能扛，疲惫和下意识的逃避，才是最难以承受的“罪魁祸首”。

新的团队需要磨合，但作为一个新的创业者，团队管理这门学问对我来说，可谓一窍不通。加上博主这种性质的工作面对的外界眼光数不胜数，而我作为一个前讲师，也早已习惯了众星捧月和被他人认可的感觉，因此我十分难说服自己去接受那些批评和反对的声音，年轻气盛的我，甚至有一次极度不理智地和黑粉吵了一架。

因为我的情绪低落，工作室的业务也一度停摆，没法儿拍照，没法儿接商务……硬撑着拍一组照片却被摄影师连连否定，他说我一脸疲态实在难以上镜，眼角的皱纹还可以通过修图消除，但眼里的光他就无能为力了。

加上工作室运营这么久，还一直处于入不敷出的状态，这让我在夜晚翻来覆去，更加无法入眠。我比谁都清楚这样的状态无比糟糕，因为如果我休息不够，会影响我所有的出镜效果，但逃避拍摄和心态的崩坏，又会让我焦虑到根本无法好好休息……这样的恶性循环，让我一次次陷入精神内耗的怪圈。

最终，在工作室运营即将满一年的时候，我还是做下了那个极其艰难的决定——关闭工作室。

当初的我有多么意气风发，此刻的我就有多么垂头丧气。我一遍一遍地自我怀疑，然后在无尽的辛酸中，和那几个一起奋斗了一年的小伙伴道别，然后祝愿彼此顶峰相见。

桌椅和办公设备一点点从工作室里被搬出来的时候，我的心也被搬空了。看着这块空荡荡的地方，我最终忍不住坐在门口放声痛哭，搬运师傅满脸同情地看着我，然后走过来提醒我要不换个地方哭吧，怕等下拆门口招牌的时候砸着脑袋。

这一年任性的尝试，让我亏了一百多万。

我终于好好尝试了一把失败的痛苦，钻心地疼。在解散工作室之后的一个星期里，我也不想哭了，睡醒了就吃，吃饱了就继续睡，睡不着的时候就躺在床上睁着眼睛直到困意蔓延。其实不只是这一个星期，往后的几个月，我都浑浑噩噩地过着——我从没有过失败的感觉，从读书、转行、在新媒体立足到成功做了讲师，似乎我都在一帆风顺地走上坡路，从来没有摔过跟头。

道理我很清楚，但说服自己接受，又是另一件事。高度敏感的人总是这样，在这些明知故犯的精神内耗里，消磨着那些所剩无几的精力。

我释放这些压力的唯一途径，就是用长长的文字记载下来，像写一篇事无巨细的日记，一写就是几个小时。那时候我的微信公众号还会收到一些粉丝留言，我很想把这些文字分享给我的粉丝看，但又害怕会影响我在他们心中的样子——我太在意陌生人的眼光了，这些东西像一把无形的枷锁约束着我，让我不得不为自己戴上一副厚重的面具。思考再三，我最终在另一个平台创立了个小号，专门发布这些我在半夜写下的"伤痛文学"。虽然如今回头看这些文字觉得青涩又可笑，但我也庆幸因为这些文字，我才没有在人生最低谷的时候做一些极端的事情。

那时候小号里还有个叫"凡人莫扰"的网友留言鼓励我，我猜测他应该是个大洋彼岸的人，跟我总有七八个小时的时差。我的每一篇文章他都会留言，不长，但这些细碎的肯定，给了当时正处于人生低谷的我莫大的鼓励。

他告诉我，一蹶不振是懦夫行为。

他还告诉我，失败是常态，唯独成功才是偶然。

我开始慢慢说服自己接受这件事。看着梳妆柜里因为做穿搭美妆工作室而留存下来的"宝藏"们，我百感交集。打开卧室灯，我一点点细数着这些精挑细选买回来的宝贝，上万元的羊毛大衣静静躺在衣柜里，一些品牌的化妆品甚至还没拆封，积了薄薄一层灰尘。一切都灰暗且沉静，但唯独陈列柜里的那些首饰，在灯光下闪烁着细碎的光芒。那些光芒穿过覆盖在钻石上面的灰尘，就这么明晃晃地照进了我的眼里。

那一刻我的心情不知道是何等复杂，夸张些说，那一刻，隐约有一道光穿过了我。

这些可视化的美，在冥冥中为我指引了另一条路。有时候静静呆坐在化妆桌前，我总是忍不住拿起一两件首饰佩戴一下，左右审视镜中的自己。虽然我还是喜欢闷在房间里，但有时候为了搭配这些首饰，我会特意换上一身真丝的家居服。在别人眼里，也许我“在家穿着睡衣戴钻石项链”的行为十分莫名其妙，但不可否认的是，在这样一遍遍和镜中的自己对话的过程中，我逐渐找回了自我。

我慢慢地从这次打击中缓过神来，开始学着调整状态。在停摆的三个月里正逢疫情，我几乎没有出过几次门。决定重新出发的那一天，我起了个大早，梳妆打扮好，走路去一公里远的理发店剪了个头发。

人快速成长总是要痛一些，越痛，感悟越深。

我回头看那三个月的黑暗时期，除了荒废日子一事无成，便再无其他收获。一年又一年过去，甘于平庸的人会沉浸在泥潭里自我麻痹，但我不甘平庸。我费了这么大劲，才从小城市走向了大城市，难道就要止步于这一次亏损百万的失败吗？

钱能够再赚，但时间不等人。眼看着老路的团队规模逐渐变大，我心想我也不能闲着啊。于是我开始走出我那个小房间，去练瑜伽、晨跑，晚上自己做饭吃，然后读读书。有时候我会录一些小视频记录当下的感悟，并上传到视频号。日子一久，我也收获了一些陌生人的善意。

我决定重新出发了。我捡起知识付费的老本行，花了一个多月的时间沉淀自己，调整状态，又做了一门课——《个人商业变现营》。经过这几个月的低谷，我的思想也变得更加成熟，人也更加沉稳了。这门“出山之作”的课程，销量竟比想象中高了一倍。

一些粉丝关心我为什么消失了一年多不出来讲课，我莞尔一笑，那些伤痛慢慢变成了我的笑谈——我说，我去学习了，上了一节人生大课。

不得不说，知识付费确实是我擅长的领域，重返战场后，除了帮助一些学员找到人生方向，我还帮某品牌通过新媒体营销成功带货达到过千万的营业额，让该品牌打响了线上销售的第一枪，这一战，惊得品牌创始人亲自邀请我吃了一顿饭。

我慢慢捡回了一些丢掉的自信，也领悟到了当时老路说的那句“事业是事业，和喜不喜欢没关系，你喜欢的东西，它不一定能赚钱”。

你能闪闪发光，必然是因为你正处于擅长的领域，而“擅长”才是事业成功赚大钱的必要条件，“喜欢”才不是呢。你喜欢的事物不一定能为你带来收益，而能让你赚到钱的事物，也不一定就是你所喜欢的。就好比老路做知识 IP，每天忙得像陀螺一样，和他私底下“佛系”的生活态度截然相反，但他依然坚持不懈地做这件事，原因很简单，因为可以带来足够的收益。

赚钱的事，谈什么喜不喜欢？“喜欢的事物”和“能赚钱的事物”本就是两码事。要知道，并不是全部东西都可以用金钱来衡量，也并不是所有行业都有商机和商业潜力。赚钱才能为你提供物质基础，如此，你才有资本去做你喜欢的事情。这个道理很简单，一个画家，他喜欢的事情自然是画画，但并不是每一个画家都可以把自己的画作出售变为足够的钱，然后来支撑他的日常生活开销。

这次重新出发后，我也不再只面对个人学员授课了，为某品牌带货达到过千万营业额的成绩激发了我的另一种潜力，那就是做品牌。这件事也很有意思，你能够看着一个品牌是如何从 0 起步，然后一步步拥有自己的品牌定位，再走向市场，面向大众的。像是看着一个孩子长大，收获了一种不一样的新奇感和成就感。

后面做了些项目，赚回了一点儿钱，补上了一些因为任性而亏掉的钱窟窿后，我还是决定继续创业。但这次我学聪明了，不再因为“喜欢”而盲目执着地去做，我询问了许多事业有成的前辈，其中包括了一位商业奇才戴总，听取他们的意见，再结合这几年自己做品牌的经验，决定换赛道。

是的，我打算做珠宝首饰。

这也是一条没有多少人走的路，但在我做的多种功课中，它是一条值得我去闯荡的荆棘路。

3.6 “被偏爱的安全感”守护符——珠宝首饰品牌的诞生

“被偏爱的安全感”守护符，

能够护佑人们无所畏惧地奔赴前程。

我是一个喜欢收集珠宝首饰的人，长大之后这个爱好也没变化过，但支撑着我做珠宝首饰品牌的主要原因，并不完全是“喜欢”，更多是“安全感”。

可能你很难想象“安全感”是如何与“珠宝首饰”联系在一起的，其实这一切想法都源于我做美妆和穿搭工作室的那次惨痛经历。你也知道，在上一节我与你分享过，在消极停摆的几个月里，我有一个消磨时间的办法，就是坐在梳妆柜前摆弄我收藏的首饰，看着它们，佩戴它们，我仿佛就拥有了变美的法宝。它们像是一枚枚光鲜亮丽的护身符，带给我力量，成为我的盔甲，而在一次次的对镜自照中，我也慢慢找到了一条要走的道路。

这些小玩意儿占据了我柜子的半壁江山，有些来自奢侈品品牌，有些是旅游纪念品，但我几乎不在意它们的真实价格，我更在意的是，它们能不能给予我安全感。

购买它们，不仅仅是为了造型上的加分，更是享受那种佩戴它们时，发现每一面不同的我都可以如此闪闪发光，从而给我内心带来的安全感和力量感。

女生“安全感”的来源太抽象了，它可以出现在任何时候，也可以通过任何方式获得，但想要寻找的时候，却又发现根本无迹可寻。

一个喜欢香水的朋友，她的安全感是把展示柜里所有香水都拿出来闻一遍，点兵点将地挨个儿数完，再放回柜子里。这一系列在别人看来也许是“神经病”的行为，对她来说却是睡觉前的那一份安全感。

一个刚过热恋期的朋友，她的安全感是男友做决定时会询问她的意见，是男友的人生规划中有她的参与。也许走入婚姻殿堂还是很多年以后的事，但她要的安全感就来自当下这些微不足道的小事。

我作为一个创业的年轻姑娘，这个阶段我的安全感来自用户对我的肯定及我对自身价值的认可。他人的肯定也许并不如预期，但我可以通过经营自己的外在，学习化妆、佩戴珠宝首饰来让自己变得更有风格和调性，同时经营自己的内在，多读书、多经历、多见人来增加自己内在的力量，从而拥有更多的安全感与底气……

“安全感”像一层私人定制的盔甲，无论你在上面涂上怎样花里胡哨的色彩，这层盔甲都能够在苦难来临的时候，尽可能地护你周全。

后来慢慢走出创业失败阴影的我，也有和一个非常有商业洞察力的朋友策总深入讨论过这个话题。我发现身边的女孩大多数都是缺乏安全感的，这类女孩基本都内心敏感，害怕别人的眼光……这些模样，我再熟悉不过了。作为一个当过讲师的人，我的共情能力总是比别人强一些，因此我不止一次想过，我能不能用什么方法，让她们在茫茫人海中获得一些安全感呢?

讲一节获得安全感的课，太抽象了；再好看的服饰，穿个几年就会破旧；我总不能搜罗世界上所有的完美男人挨个儿分配吧——也不是所有女孩的安全感都来自男人！于是，我想到了低谷时期，我指尖扫过的那些珠宝首饰。

做珠宝首饰品牌的念头油然而生。但亏了一百多万的惨痛经验让我学聪明了很多，有了念头还不够。我先是自己做足了功课，然后做了一份品牌建设的提案，花钱请一些老师前辈指点。他们帮我一起确定了品牌基调和品牌文化，商定了上百个品牌名字，最后在好友、房产投资人天然的鼓励下，我决定用“CHENXIYA 宸希雅”作为品牌名。

同时，“宸希雅”也是代表心怀希望优雅成长的一群人——

“成长”“希望”“优雅”是三个蕴含了无数美好期盼的词，“希望成就优雅的你”，凝聚在一起产生了向上生长的力量。

仅仅过去大半年，两次创业道路似乎是有些不同的，虽然两次都是满怀希望、干劲十足地出发，但这一次，我觉得这一场做足了准备的战斗，我能赢。

我又开始物色工作室地址了。但这一次，我不再执着于那些光鲜亮丽的表面功夫了，我放弃了市区最繁华的中心区域，在有限的预算里挑选了一个环境和交通都不错的地段的小别墅，花点儿钱收拾了一下，自我感觉满意得很。

做珠宝首饰，最重要的当然还是产品本身。

品牌基调等准备工作做好了之后，我收拾了一个行李箱，准备迎接接下来的这场“硬仗”——市场考察，跑供应链。

在半个月的时间里，我在好几个城市之间辗转，从深圳到东莞，再从汕尾到杭州……有些城市有认识的朋友陪同，但更多的路我还是要自己走。我经历过深夜在郊区附近打不到车的惊慌，也经历过在暴风雨中被淋湿的狼狈，但正因为这份倔强和热爱，我硬是咬着牙扛了过来。

这些做首饰的占地超大的工厂几乎都属于大产业，有时候我在一家工厂里一待就是一天，在仓库选样品、参观车间考察工艺、和老板讨教相关知识，有时候还会因为提出的订货量不够多而被赶出来："我们的订单都是百万以上的量，你就别来瞎凑热闹了！"

确定合作工厂后，还要去谈包装定制、货运物流……打废了100多个板，最终才确定下来品牌包装，看着这些累累战绩，我把它们像勋章一样挨个儿陈列在了柜子里，时刻提醒着自己一路走来有多么不易。

将这一切打点好后，我开始了人生第二次组建团队。这次我很幸运，遇到了一个十分合拍且经验丰富的合伙人，还有两位战略顾问。招到的摄影、剪辑、文案，他们都是我生活中的伙伴、事业上的战友，无条件地信任我，为"让女生轻松实现珠宝自由"这个共同的目标推了一把力。

这本书于我、我的团队及我的品牌来说，都意义非凡。所以在这里，我想花一点儿篇幅来介绍一下，与我一起走过大风大浪的这个宝藏团队。

马蹄，团队的创意大师。作为一个在商业上历经几度浮沉、对供应链行业研究颇深的人，他沉稳靠谱，船该往哪个方向开，要如何精准绕过冰川和洋流，他的心中都点着一盏灯。尽管身居要职，也不影响他是个有趣的人，他脑海里常常会有一些新奇的创意点，很多我们做出的爆款作品的创意都由他提出，他对这个世界永远充满了好奇心。

教授，团队的运营师，团队内部整体的运转经过他的大脑高效输出，就变成了一份份可执行的方案和OKR（目标与关键成果法）。他通常立场坚定、一板一眼，在这位固执的理工男眼中，似乎所有的东西都可以用数据来说话。

一秋，团队的美学大师，品牌的调性包装与视觉色彩都由她监督和把控。你所见到的品牌中所有与“美”有关的东西，都来自她的“审美艺术”，包括此刻在你手上捧着的这本书的排版美学。这个年轻且充满活力的女孩，像一朵在阳光下盛开得热烈的红玫瑰。

木然，团队的摄像艺术家，我们所有高质量的视频都是他的杰作。这个在千禧年出生的年轻男孩对摄像的领悟力超过我见过的大多数人。他喜欢和每一帧画面较劲，喜欢闷头钻研剪辑技术，还喜欢一腔热血地去西藏自驾游。在他身上，我看到了青春独有的意气风发。

小宇，团队的金牌摄影师，你所见到的所有精美图片都源于他手上那台相机。通过调节景深、光圈、构图，一件件精美的首饰在他的镜头里成了艺术品，它们也构成了品牌调性的一部分。这两个同样捣鼓相机的男孩子，身上似乎都有着类似的气质，意气风发、莽撞灵动。提起“少年”一词，应与平庸相斥。

……

一群人做事，比一个人单打独斗要更有意思。

而我，也成为这个新兴珠宝首饰品牌的主理人，我带着童年时对首饰的那份喜爱，秉持着做讲师时“达则兼济天下”的责任感，遵循着实现自我价值的那份初心，一步一个脚印地登上了另一座山峰。

打造这个珠宝首饰品牌更多的原因，是我希望拥有这些美物的人身上佩戴的不单是一件珠宝首饰，也是一份“被偏爱的安全感守护符”：

陪着她们优雅经营自己，无惧无畏、活出自我、拿得起又放得下，满怀希望地奔赴理想的生活与前程。

我骄傲过、勇敢过、自卑过也失败过。我经历了很多，这些构成了现在无惧无畏的我，我想把那份“不惧他人目光、活出自我”的勇气，通过这些珠宝首饰传递给购买它们的每一个人。

我更希望看到的是，她们除了能够在我这里收获美丽的皮囊，还能够依靠珠宝首饰获得强大的内心与追寻自我的勇气。

所以，在这个基础上，我还提出了一个“希雅生活”的理念，即“心怀希望并优雅地生活”。

我明白，女性之美仰仗的并不仅仅是物质的加持。物质满足的快乐仅限于当下和眼前，在我看来，人最大的幸福感并不来自眼下能够“买到什么”，而是拥有好好生活、对未来充满希望的某种信仰。

让所有女性都能够“轻松实现珠宝自由”只是我的愿景之一。我与小伙伴们更希望看到的是，通过珠宝自由可以唤醒女性自信优雅地生活的态度，从而过上自己想要的理想生活。

我自己对理想的“希雅生活”的构想是，有一个温馨舒适的小家，有一家属于自己的公司，有一份喜欢并热爱的事业，有一群为梦想奋斗的同伴，也有三五个价值观同频的好友相互扶持成长，有一份双向奔赴的爱情，还有几个能谈天说地的小姐妹抽空去旅行拍美照、看美景、吃美食……即使偶尔也会在夜里焦虑不安，但天亮了仍能冲劲满满地奔赴前程。那些心怀希望去努力的日子，格外有意义。

如果你想要欣赏品牌的珠宝首饰，或者想与我讨论自己的理想生活的话，都可以扫描我的个人微信二维码（备注：读者）。作为你的朋友，随时欢迎你的到来。

扫一扫上面的二维码图案，加我为朋友

每个人心目中的理想生活也许各不一样，但它都代表了一个人在心里为自己建造的那座乌托邦。

如今人们早已不避讳谈论“女性力量”，女性那小小的柔软的躯壳里，暗藏着无限可能的能量。

但愿我的“希雅女孩”，都能做到内外兼修，在实现珠宝首饰自由的同时，也活成一个心怀希望并柔软优雅的人啊！

3.7 善于经营自己：会赚钱的灵魂屡见不鲜

有些人贩卖才华，有些人贩卖品牌，

他们都把一份时间出售了无数次。

前段时间和朋友肖厂长吃饭，他给我送了一本他刚刚发售不久的书。他颇为骄傲地告诉我，这本是限量的“作者亲签版”，我翻开扉页，只见上面赫然写着一个行云流水的“肖”字。

肖厂长，某教育公司的创始人，跻身福布斯 U30，也是做私域的专家，在同龄人中他可谓佼佼者，做自己的课程，还把自己做私域的经验编成了一本书出售。每年都有学员通过学习他的经验走向新的发展，而他也进而实现了自我价值和社会价值的双赢。

我还有一位同样做教育培训起步的朋友魏琪，她与我年纪相仿，却已经登上了《福布斯》与《胡润百富》的 U30 精英榜单，并且还在 2022 年《回响中国》腾讯教育年度高峰论坛上获得了“2022 年度教育行业榜样人物”。这几年我见证着她站上的舞台越来越大，但也知道在这些荣誉的背后，她付出了非同一般的专注和努力，可以说是没有生活的工作节奏。她把全身心投入事业中，她的学员和客户规模也越来越大。所以当持续地努力做好一件事情时，你真的会飞跃成长，她的惊人变化令我为之动容。她不仅将自己所学所思所想的内容分享出来，还将教过她的老师变成了她的合伙人。因为最开始魏琪与我一样，都是一个普通的女孩，我们都是从稚嫩走向成熟，一步步成长起来的。在教育培训行业中，我们也正在发生从“知识接受者”到“知识传授者”的身份转变，我们都为之付出了太多。

你可能从来没有把“知识”这个概念当成自己的财富之一。

和其他那些生意人不太一样，做教育的人卖的不是实物，而是虚拟的知识产品，比如个人经验、社会观念，它带有明显的个人特征。从马斯洛需求理论来看，做知识付费的工作者，不仅可以满足自己物质上的需求，还可以收获更高维度的财富，比如人脉、资源、认可、名誉等。

当然，我身边那些善于经营自己的优秀的生意人，也不单单在知识付费这一个圈子里。做珠宝首饰品牌后，我的人脉圈又上了一个新的阶梯。

在朋友的引荐下，我认识了 ZEGL 时尚珠宝品牌的创始人曾柳，他的品牌粉丝在购物平台上超千万，在行业中也是相当有话语权的。

他算是我认识的很热心的一个创始人了，会毫不吝啬地传授经验，甚至邀请我走遍了他公司的豪华大平层。他专门为产品打造了样品展示厅，那间融入了他所有巧妙构思和审美的展示厅，灯光一亮时，整个房间反射出来的夺目的璀璨光芒，简直是所有女孩的梦想。

到了我这个人生阶段，身边朋友的分层开始变得越加明显，好似进入了一个分水岭。人生因个人选择的不同而被分流成两类：那些早就开始规划人生、勇于奋进的人如今获得的成就可谓节节高升；而甘于平庸的那些人，也早就随着大多数人的人生轨迹，在人海中过着按部就班的平凡日子。

有些人贩卖才华，有些人贩卖品牌。反观身边那些“会赚钱”的人，其实也很容易发现共通点——他们都拥有自己的个人品牌或是实物品牌，并且都让一份时间出售了无数次。

像肖厂长本人就是自己的品牌，他把自己经营成了私域的“领头羊”，所以当别人提起他时，会自然而然把“肖厂长”和“私域”画等号，那么他售卖的相关课程或书都会获得粉丝无条件的认同感。而柳总，他是把自己的灵魂和审美融进了自己打造的品牌中。顾客可能并不认识这位“神秘的幕后人”，但他精心打造出来的产品和品牌一面世，粉丝用户就会为质量、审美、口碑、价格买单。

在我与他们同样吃一顿饭的时间里，可能肖厂长的书会在平台上卖出 100 本，而曾柳的店铺会卖出 2000 单首饰。这就是品牌的威力，让变现变得更加便捷高效。

“个人品牌”——你可能听我说了无数次这个词，也听了无数个成功的例子，那我同样作为一个普通人，能不能做起来属于自己的个人品牌呢？答案当然是——能。

你肯定有过这样的困惑：“我不清楚我能做什么呀？”“我现在怎么做可以赚到额外的收入？”“我将来可以持续靠什么赚钱？”……

在这之前，我们要先提到一个自我评判的概念，叫作“个人商业模式画布”。

这是一个由著名商业模式创新作家、商业顾问亚历山大·奥斯特瓦德（Alexander Osterwälder）提出的视觉化商业模式分析工具，用来帮助企业进行发展预测分析、商业模式创新及确定战略规划，它也能够帮助创业者催生创意、降低猜测，确保他们找对目标用户、合理解决问题。它原本是我们分析商业模式的一种工具，如今被全球很多企业运用，比如 GE（通用电气）、联想、优衣库等。

这个画布所包含的知识点比较烦琐，这里我仅在“自我认识”这个点上，挑一些重点内容与你分享。

首先，我们要明白“我有什么”“我是谁”。这两个看起来无比玄乎的概念，你也许和朋友聊天时提过，但从未深度思考过。我们要在知识、技能、能力、价值观、性格特质和动机这几个维度的基础上，描述一个人的个体素质要素，进而评价一个人与一个工作岗位的匹配程度，并且尽量能够与他人区分开来。

“我是谁”，即你的社会角色，其中包括天赋、价值观、性格特征、动机。

社会角色是指个人处在一定的社会环境和关系中应当遵循的行为规范，比方说你是一位全职妈妈，那你需要照顾家庭与小孩；又比方说你一是位白领，那你就需要服从老板给你安排的工作。

价值观是个人对什么重要什么不重要的判断，它常常直接决定了人的行为表现，比方说你认为家庭大于事业，这是一种价值观。

天赋是个人明显区别与他人的特质，比方说做同样的事情，你明显做得比别人好、比别人快、比别人更擅长。

性格特质是指在生活中你所展现的个人明显的特点，比方说，你热情开朗、你成熟稳重或是你沉默寡言。

动机是驱动满足人的内在需求的心理状态和意愿，比如成就动机、权利动机、向上动机等。

“我有什么”，这是非常明显、易于观察和培养的外在特征，主要包括知识、技能、能力。

知识是个人所了解和知道的对主观与客观世界的现象、本质、规律等的描述信息。比方说我们所学的专业、考过的证、学习过的课程、看过的书，我们的兴趣与爱好都属于知识。

而运用程序性知识和经验执行一定活动的能力叫技能。技能通常和行为相关联，比如机器组装、表格设计、汽车驾驶、画画、唱歌、写作、玩游戏等。

能力主要是指适用某个领域的技能，比如说你会机器组装，你会开飞机，你会写作，你会运营社群。当然，不同领域中有通用能力，比方说沟通能力、客户谈判、资源链接等。

你可以拿出一张纸，把这些细节点分别列出来。这些是你的核心资源，也是你对自我的一个深度剖析，当再有别人问起你的“特长是什么”时，可不要再傻傻地回答说“我特别能吃苦”了。

那么，在了解完核心资源之后，就需要知道“我要做什么”了。也就是说，你要怎么赚钱？通过什么赚到钱？

通过上面的例子和知识点，我为你总结出了更匹配第二种个人商业模式的四种角色。

A：从事知识付费领域，出售自己的经验、知识、资源/创造者的角色。

关键业务：

1. 自己开发线上服务的产品。

2. 搭建团队处理产品上线的事项，包括但不限于制定营销策略、渠道开拓、产品服务、用户运营、售后服务等。

3. 处理、维护跟团队、渠道商、代理商、用户之间的关系。

4. 整合一切有利于产品销售的资源。

B：从事知识付费领域，出售自己的经验、知识、资源 / 分销者的角色。

关键业务：

1. 找更多销售产品的渠道及可以成交更多产品的用户。

2. 处理、维护与渠道商、用户之间的关系。

C：从事实物电商领域，以低入高出的方式通过电商卖货 / 创造者的角色。

关键业务：

1. 找工厂生产实物产品。

2. 搭建团队处理产品上线的事项，包括但不限于制定营销策略、渠道开拓、产品发货、售后服务等。

3. 处理、维护跟团队、供应商、渠道商、代理商、用户之间的关系。

4. 整合一切有利于产品销售的资源。

D：从事实物电商领域，以低入高出的方式通过电商卖货 / 分销者的角色。

关键业务：

1. 找更多销售产品的渠道及可以成交更多产品的用户。

2. 处理、维护跟供应商、渠道商、用户之间的关系。

你可以通过你的核心资源和个人意愿来选择更适合你的角色。选定角色后，你就需要为了这个角色开始经营自己，为未来铺路了。比如做“分销者”的角色，你就需要开始筹备渠道、学会处理关系、积累用户……

机遇是会平等地落在每一个人身上的，当你有能力接住，你才有机会成功。要明白，机会是必然会有，但成功只是偶然。

在如今的移动互联网时代，我们要学会经营自己，寻找更多的可能性，而不是执着地守着自己的生存饭碗，选择故步自封，不去提升与学习。

你眼中的那份“安稳”的赚钱工作可能也并不完全安稳，你还是需要不断提升自己，让自己在某个领域拥有话语权，这才是真正稳妥的选项——尽量让你去选择领域与工作，而不是让工作与领域来选择你。

当然，赚第二桶金的方法有无数种，因为人生本来就不应设限。我在这里列出来的知识付费、社交电商、个人品牌等变现方式，只是为你提供一种选择，而不是必经之路，但这些都离不开“销售”。

第4章

训练新媒体思维，给销售安上弯道超车的马达

我们一生都在想办法
把自己销售得更值钱，
/
提升学历、工作跳槽、
开展副业、自我投资……

4.1 传统销售转型难，归根到底是缺乏新媒体思维

运用新媒体思维，

让你的销售跟上时代的脚步。

新媒体销售很难吗？

教你做销售的书，市面上有很多；教你做销售的课，市面上也有不少。但还没有多少人真正系统化地讲过“新媒体销售”。

做新媒体销售不难。

从思维提升到实操，这个行当早就有一套自身的系统逻辑了。说来说去，其实内核几乎都一样。多数人觉得“难”的点其实在于：我当然知道线上销售省力又便捷，我当然也知道了解顾客真正的需求很重要，这些道理我都懂，可问题是我该怎么做呢？

作为新媒体行业销售的一个 IP，我的建议是先培养思维，再训练实操，并且思维的培训必须是最重要的，它是所有成功销售的基础，是一切高楼的地基。

许多人都知道的“道理”，其实只是停留在一般社会认知的层面，就像哲学和生活哲学的关系。简单来说，我们需要从更专业一些的角度来培养思维，而不是一些基于口头的思维认知。

在如今的移动互联网时代，销售最需要具备的是新媒体思维。

就拿如今最流行的传统销售转型来说，难，归根到底是因为缺乏新媒体思维。缺乏新媒体思维就代表着落后于时代，而落后于时代则代表着你更容易被市场和社会所淘汰。就好比，当许多人都已经开始借助互联网造势时，而你却还在苦苦地挨家挨户塞宣传单，有了那些交互出色、创意出色的 H5 或短视频，谁还会把你精心打磨的这张宣传单放在眼里呢？

我把新媒体思维划分为简单易懂的三个版块，这套“三连招思维”能够让你更系统化地了解到那些能玩转销售的人，都是怎样为自己装上弯道超车的马达的。

内容思维

内容为王。内容，是一切的基础。

很多人对“内容”这个词存在误解，觉得做内容的不就是写东西的吗？事实上，它的定义比你想象的要广泛得多。公司文化属于内容，购物平台上某个热销榜单属于内容，商店买一送一的促销活动属于内容，你发的哪怕是只有一句话的朋友圈，那也是内容的一种。

新媒体时代，变现的首要核心是被看见，如果你不能在短暂的三秒内获取用户的注意，那么就会有更精彩的竞品把你的位置占据。所以，我们做内容的首要目标，无非就是“引起注意”。在注意力快餐化的时下，这个点十分关键，我们一定要有这样的意识，就好比我某个做艺人经纪的朋友告诉我的他的个人哲学：不管如何，被注意到，那你就赢了——黑红也是红啊！

当然我不提倡大家不择手段地出圈，想要做出优质内容，有创意、有深度、有目标性、有传播性缺一不可。

它能被看到吗？

它具有长时效传播或者病毒式传播的潜质吗？

它能为我带来目标用户吗？

……

做内容是一件需要漫长地累积经验的事情。我们需要有“内容为王”的这种先手意识，因为做内容虽是从“被看见”这个低门槛出发，但最终都是为变现服务的。

流量思维

流量是终身的财富密码。在数字化时代，谁能够赢得流量，谁就能在竞争中脱颖而出。

优质内容带来有效流量，有效流量带来高效成交。我们说流量重要是因为有效流量才是商业变现的核心。简单举个例子，你站在池塘边，手里有一把鱼饲料，被鱼群看到只是第一步，只有把鱼饲料精准投喂到鱼的嘴里，才算真正完成了一个闭环。为什么不喂给旁边的鸭子？因为你手里拿的是鱼饲料啊，所以只有那些鱼群才是你的有效流量。

吸引有效流量，首先要明确定位，并分析目标用户画像；找到用户痛点后，全力以赴以这个点为突破口，用有价值的内容吸引用户；最后根据用户反馈，逐步改进。

获得流量最忌讳的就是不做数据分析，自嗨式创作：别人这么做能够把品卖爆，那我也跟着做准不会出错吧？或者不管不顾广撒网，抱着能带来几个客人就是几个的“侥幸心态”：我带来一千个人，总能有那么一两个人有概率成交吧？

引流固然重要，但我们也要明白，学会有目的地获取有效流量，才是成交的关键。

运营思维

“运营”这个词的面很广，其内容也比较深，这里我挑一些我们普通人可以掌握的知识点分享，第一个是建立和维护私域流量池，第二个是明白选择平台的重要性。

一个普通人，在没有个人品牌或企业品牌的加持下，做私域运营是最聪明的选择，门槛低、维护成本低且目标用户更集中。先有流量后有粉丝，所以其实私域流量池，也可以说是你未发育完全的“粉丝群”。我们做普通销售，任何渠道都可以作为私域的入口。当你把部分公域流量导入私域中，你的用户群体就更精准，也更容易培养出核心粉丝。

平台的选择也很重要。现在我们到处都能看到一些文章，宣称某 10 万粉丝博主，一篇宣发稿能赚几千元的商务费用。我知道这些理念动摇了许多人，很多天真的职场人想要辞职去做全职博主，觉得轻松又能赚钱，尤其以小红书、知乎为首的图文平台，抖音、快手为首的短视频平台，博主们的软广、硬广应接不暇。是，成功出圈爆火的博主确实很多，但基本上都有幕后团队或公司在暗箱操作。

你看不见多少账号消失在黑暗里，对于我们普通人而言，最友好的平台其实是微信。微信公众平台那句“再小的个体，也有自己的品牌”不是白宣传的，微信平台以操作简单、维护简单、功能多样的特点早已在私域独成一种生态系统。

“新媒体思维”这个词虽然听起来有些晦涩难懂、玄乎莫测，但在这个时代背景下，其实早已化作一些常规操作融入你的日常生活了。

比如微商的崛起，比如买东西时经常会听到的一句“扫码加我企业微信领券”，比如网上看到的一些转发量达百万的内容段子……每个人都有一部手机，掌握了新媒体思维，机遇其实就被捏在了你手上。

4.2 封闭心态与开放心态，两种不同的销售结果

拥抱变化，迎合市场，

才是让销售走上坡路的真正法则。

我们经常会提到一些“爱搞事”的品牌，比如经常“蹭热点”让品牌海报出圈的杜蕾斯，比如总能把营销活动搞出花样的蜜雪冰城……真正懂销售的品牌或个人，都懂得如何抓住用户，明白用户真正需要的、真正想看到的内容是什么。

在这里不得不提可口可乐公司的两款热门碳酸饮料——可乐和雪碧。这一红一绿，曾经平分冰柜的半壁江山。但如今，如果你认真观察过商超或便利店的货架，你会发现可乐占据的位置和面积都是最显眼的，它无比嚣张地把那抹绿色挤到边缘去了。

根据 2021 年某月的 020 Mind Top10 品牌数据显示，可口可乐在国内占比居首位，达到 4700.25 万元，占比 52.69%，而雪碧只占据了 11.56%。

除了国人对两个产品的认可度有一些差别，可口可乐的花式销售可谓功不可没。从“快乐肥宅水”的词条爆火，到各式各样的品牌联名——和厨具联名、和化妆品联名，出周边、盲盒……几乎就没有可口可乐不敢做的事。同时，它很好地利用了品牌的红色与中

国市场的文化共鸣，在年轻人群体中，它曾一度代替同为红罐的本土品牌王老吉，作为送礼的首选。

对比可口可乐这种如火如荼的营销方式，雪碧多少显得有些无声无息了。

很显然，无声无息地做销售是大忌，无论是品牌还是个人。用封闭的心态做销售，你会沉入茫茫大海；唯有放开心态，与市场接壤，才能获得更多抛头露面、促成交易的机会。

什么是封闭心态呢？简单来说，就是宣传方式、销售方式等各方面都不与新时代接轨的心态，觉得自己是这么多年都走过来的大品牌了，怕什么跟不上时代呢？很多传统品牌容易陷入这种故步自封的困境，而这个困境往往是致命的。

移动互联网时代，最大的优势是更容易被看见，最大的劣势是更容易被看不见。

娃哈哈作为老牌饮料之一，已经变成“时代的眼泪”，逐渐在市场上销声匿迹了。一切要从阿里巴巴创办那一年开始说起。在那个网络才刚刚开始盛行的年代，娃哈哈作为电视广告一哥，它的创始人宗庆后自然是没有把电商放在眼里的，导致他在某峰会上被呛：“你的自以为是会让你被淘汰。”一语成谶，跟不上新零售渠道的娃哈哈逐渐在市场上迷失，而它的产品本身也没有根据消费者的喜好来调整，被市场淘汰其实在意料之中。

在销售中，拥有开放心态很重要。因为跟上热点、拥抱变化、迎合市场，才是让销售走上坡路的真正法则。

同样还是娃哈哈，在创始人独女留学归来并执掌大权后，这个老品牌才逐渐开始峰回路转。继承人宗馥莉开始了大刀阔斧的改革，请流量明星代言，抓住了0卡糖气泡水的新市场，创办了“高定”子品牌。这些在许多老员工眼里“大逆不道”的行为，却渐渐为娃哈哈扳回了一城，不至于让它被时代淘汰得那么快。

去年网络上有一个词条很火，叫“秋天的第一杯奶茶”。至于它是怎么火起来的我们不过多研究，很多网友把它当个段子一笑而过。但有些敏锐的商家，却在第一时间嗅到了营销点，然后以迅雷不及掩耳之势，迅速上架海报和促销活动，用转瞬即逝的热点同时赚到了传播量和业绩。

说到奶茶，蜜雪冰城算是“整活儿”的一把好手了。蜜雪冰城的出圈作，可谓顶流一般、无人超越的存在：走街串巷做街头霸王的雪王玩偶；那首“你爱我，我爱你，蜜雪冰城甜蜜蜜”的疯狂洗脑歌；在高温预警下把logo的白色雪王换成“晒黑版雪王”……一套套的组合拳，把品牌的推广做到了最佳效果。某一年情人节，蜜雪冰城更是推出了轰动一时的促销活动——情侣接吻五分钟可以免费兑换冰激凌一支。

很多人说品牌的这些营销活动“又土又爱蹭热点”，但要知道，蜜雪冰城的定位可是价格亲民的超平价品牌，最便宜的饮品才4元一杯啊！这些活动或话题虽然不算“高级”，但在这个全民娱乐化的时代，蜜雪冰城洗脑式的营销手段，何尝不是一种聪明的选择呢？

执着于立“我应该这样，不应该那样”的人设和“我不该那样，但可以尝试”的开放型心态，取得的销售结果截然不同。

在销售这行，所有的规则都是共通的，品牌和企业要做的是捕捉风口和变化，零售商和个人则要学会察言观色、灵巧变通。

一个“销冠”，是最能让体验服务转换成商品溢价的。说白了，普通销售只会注重“卖东西”的动作；及格销售能把这样东西“卖出去”；而冠军销售能够做到“卖这样东西的同时，还能打包把其他商品一起卖”。真正懂销售的人必然不是只会夸“真的很适合你”的无脑夸奖机器，而是学会从顾客的行为、情绪中察觉到商机，从而提供与之对应的价值来促成交易。

同一家珠宝行，持有封闭心态的销售员会称赞顾客“很适合你啊”“衬得你皮肤很白”“这是新款，有折扣哦”这类已经用了几十年的套话，而持有开放心态的销售员，懂得如何利用市场热点、新兴渠道及顾客情绪来促成销售：

“您挑的这个款，是某某秀场的走秀款呢，前段时间才刚上，您是今天第一个来看这个款的顾客，眼光很独到哦！您要是想买这条项链，可以先添加我的微信号，我给您打个新人折扣，再私下送您一个小礼物。您看怎么样？”

短短一段话，就照顾到了顾客的情绪，并通过熟知品牌动向凸显了专业度，还有大概率能把新人顾客引流到私域里促成交易和复购，这就是为什么持有开放心态在销售行业如此吃香。谁买东西的时候会不喜欢一个高情商、会聊天的销售员呢？

如果抱着开放心态去做销售，那么你就向一个成功的“销冠”迈进一大步了。多数人都以为，只要能说会道就可以做销售了，但其实拥有正确的心态，才是最重要的一步。

4.3 切换场景，与粉丝做更持久的生意

线下结合线上，

这套组合拳威力不小。

前段时间，我终于腾出时间，使用了我那张办了快半年的健身卡。我的私教 Ferrari 忍不住向我抱怨，本来能坚持健身的人就不多，这两年他们的店铺反反复复停业，客流更是大不如前了。

我本来还想他是不是抱怨我半年都不来报到，但职业原因又让我开始下意识地分析他的后半句话了。其实不止 Ferrari，我有不少做线下生意的朋友都因为突如其来的疫情被打乱了节奏。在互联网新媒体崛起和突发疫情的双重影响下，实体行业节节败退，不少寻求自保的公司逐步把阵地转移到线上，大大小小的公司，卖衣服的、卖药品的，都开始做直播带货，做社群运营……甚至我点一个炒饭外卖，打开塑料袋都能看到“扫码进群领福利”。

于是我笑着与 Ferrari 打趣，肱二头肌不能白练啊，学习一下人家刘畊宏，去线上直播跳操健身吧。

做线上，就必须有“货物”来为“销售”这个动作赋予意义。由于互联网的包容性，这个货物可以有很多类型——实体货物，比如衣服、音箱、马克杯；情绪价值，比如情感博主发布的长篇治愈

“鸡汤”；虚拟货物，比如知识付费课程。

本章第一节中我也提到了，对于我们普通人而言，最友好的平台其实是微信。做私域的意识许多人都有，很多销售在客户买单时都会说“加个微信吧”，这其实就是提高用户复购意识的一个潜意识行为，但难就难在几乎没有人愿意坚持维护，然后系统地把微信变成一个能够为己所用的赚钱工具。包括Ferrari，我与他约课、约时间，其实都是通过微信约好的。

从线下到线上的场景切换，用户黏性在无意中提高了，而这相对应地就为后续的复购或粉丝裂变提供了基础。

为什么这么说呢？我举个例子。

一个奢侈品店的销售，今天迎来了第一位买单的客人。她挑选了一个灰色的经典款皮斜挎包，付款时毫不犹豫，于是销售以“售后或清洗服务可以联系我”为由添加了这位客人的微信，并且特意打上了标签——喜欢经典简约、高奢稀有皮，中产阶级。

从实体店到加微信，这里就完成了从线下到线上的场景切换。

这位客人经常分享美景美食，销售就会点赞、评论互动，以免费的会员礼赠品破冰。如果有一些高定款新品，也会低频次但有针对性地推荐给客人。

互动、赠礼、聊天，这都是提高用户黏性的行为，并且能够增加自己在用户心中的亲和力和信任度。

随着给客人贴的标签逐渐丰富和立体，这位目标用户的个人画像也愈加具体。那么销售就可以根据这些标签，用最有可能成交的商品做专门推荐：“亲爱的，今天这款新到的包包，我觉得你会喜欢，下班了要顺路过来看看吗？”

从微信再引导到实体店，当场景从线上再转到线下时，复购率就大大提升了。

这是一对一针对性复购的案例，适用于珠宝首饰、箱包等，尤其适用于奢侈品行业这类单价较高且复购可能性高的销售类目，合作商务类也可以作为参考。

至于单价较低、出货量可能大一些的零售类销售类目，比如一些保养品、彩妆单品等，就可以用微信生态中的另一种方式——社群及粉丝裂变，来达到成交的目的。

最早吃到社群和粉丝裂变红利的，是第一批微商和代购。2012年微信功能“朋友圈”上线，第二年一些初代微商和代购开始逐渐冒头。新鲜的销售方式、良好的口碑让他们被一传十、十传百，从而极大地带动了销售额。当用户积累到一定数量，以至于让他们没有足够的时间进行一对一接待时，聪明的销售就开始把有同样需求的用户拉入一个微信群，在微信群里统一推广产品，于是“接龙团购”这种当时新兴的销售模式便应运而生了。

无论哪种方式，我们都不得不承认，只有与用户保持一定的紧密联系，才能做更持久的生意。而线上的优势，正是把这种紧密联系变得更简单便捷了。

这套逻辑几乎可以套到所有带销售性质的工作上，包括健身房和私教Ferrari。

Ferrari聪明的地方在于添加了客户的微信，而他失策的地方在于并没有好好打理用户，与用户建立联系。我们就从健身教练的角度来替他分析一下，他要如何获客成交、维持用户关系，做更持久的生意呢？

一般来说，健身教练的提成与报名了私教的客户的课时费有关。私教有点儿类似于“品牌高定服装”，是根据个人的需求和体质来制订训练计划的，自然价格不菲，所以这就初步锁定了他的目标人群——有消费能力、有一定的空闲时间、追求健康或体型好看的人群。Ferrari 人长得帅气，有点儿幽默感，嘴甜，所以他自然会更受一些女性客户的欢迎……当目标客户的画像一点点被完善、逐渐具体之后，就要开始获客了。

这类女性群体，在工作日基本上会出没在写字楼或高级产业园区里。但常年都在亮灯的写字楼里的女性成为目标客户的成功率偏低，因为她们可能忙于工作无心顾及身材管理；年长一些的女性亦然，因为在她们看来报名私教课健身是一件没必要的事情；身材肥胖或有明显体型缺陷的女性也不大可能，因为在大庭广众之下，女性会下意识地隐藏自己的身材短板和保护自己的自尊心，而选择逃避交谈。

获客需要技巧和一些运气，那么维系用户就需要满分的技巧了。私教是一类具有周期性的销售，也就是说如果 Ferrari 想要获得全部的课时费，那么他就需要尽可能地保证客户按约定时间来上课。当客户预付了报名费，添加微信后，Ferrari 的战场此时就从线下转移到了线上。

不刻意讨好的嘘寒问暖，一些恰到好处的幽默或者询问是否按照健身餐菜谱吃饭、下次大概什么时候有空……这些行为都是上文讲到的“提高用户黏性”的行为，它们有助于打造亲和力和专业度，为的就是让客户按约定来上下一节课，然后达到“变现”这个最终目的。

我为 Ferrari 认真分析后而写下的这些“销售小技巧”，其实并没有告诉他。

为了写这篇文章，我和 Ferrari 进行了一些小访谈，然后我发现他竟然是个不折不扣的富二代！一个年纪轻轻就手握股份的人又怎么会因为销售提成而烦恼呢？

4.4 每名销售都有打造个人品牌的潜质

你我都有自己独特的一面，

经营好这独特的一面就成就了你的个人品牌。

销售的个人品牌，这个概念其实很好理解。

比如Ferrari，他是个阳光帅气、幽默同时专业度也很强的健身教练，那么自然会有些年轻小姑娘喜欢他的外表，也会有一些报课、健身的人认同他的教学风格和专业度。当Ferrari有了一定的粉丝积累，那么他就形成了自己的个人品牌。

这个个人品牌是存在一定影响力和专业性的，简而言之，就是会“吸引别人慕名而来”。做这件事极大地节约了获客成本，让起主导作用的角色发生了转移：从Ferrari到处询问别人“报名健身吗”来摸索目标用户，变成了目标用户自己找上门询问“听说你教得挺好的，还能报课吗”。也许那个时候Ferrari正坐在店里发呆，又或许正在他那栋豪宅里休假，但个人品牌的影响力让他随时都有机会获客成交。

那么一个普通销售、一个没有像Ferrari那样有点儿优势的销售也能打造个人品牌吗？答案是能。

我的答复肯定会让一些人跃跃欲试了，但又隐约有一些担心：

担心自己不能让人信服和追随；

担心自己粉丝不多，难以转化；

担心自己不能持续给客户创造价值；

担心市场竞争太激烈，时机已过；

担心付出得不到回报……

相信我，你的这些担心都是正常的。我刚开始做个人品牌时，也面临着这样的问题。今天的你，如果还是按照过去的方式一成不变地做销售，还没开始学着提升专业度、输出内容的能力及让你的客户对你产生如对专家一般的信任，你永远无法体会 IP 带给你的成长和价值。

如果不以成为像李佳琦这样的超级 IP 为目标，做个人品牌其实没那么难。在某种程度上，只要你在某一领域有经验积累、热爱自己做的事、有一定的知识总结和内容输出能力、有表达的欲望，你就可以在社交网络上与你的用户通过图文或短视频沟通交流。

我相信，表达是人类的天性。我们从出生起就在用各种方式表达自己。当我们介绍自己或者别人的时候，都是在展示自己的标签，不管是职业、年龄、业绩、成就等；当我们向他人分享自己对某个事情的理解和看法的时候，其实是在表达自己的价值观。

理解了本质，你就能明白其实每个人天生都是销售，销售着自己的专业形象和职业精神。每个人天生也都是自己的个人品牌，表达自己对美好生活的向往，影响、感召更多跟自己同频的人。所以说，每个销售都有打造个人品牌的潜质。

假如你是一个刚毕业、入行卖保险的新人小白，你该如何在这个淘汰率极高的行业站稳脚跟，然后打出自己的个人品牌呢？

在保险销售这一行，“刚毕业”“新人”往往意味着排在资源最底层，没有人脉也缺乏用户信任度，专业性和为人处事都比不过老员工。在如此困境下，别说积累粉丝打造个人品牌了，连破冰获客都有难度。

那么，此时你就需要把你的劣势转化为优势了。年轻，意味着有活力、有拼劲、跟得上时代和热点。活力可以为用户带来正向的情绪影响，把拼劲用在精准的用户调研和经验累积上。另外，年轻还有一个优势，就是当你向一些前辈请教经验时，人家不容易对你设防，因为在他们眼中，你根本“毫无竞争力”。

获客、粉丝积累是一个长期且艰难的过程，有天分的人也许用不了一年，天分不足努力来补的人，甚至需要花上 5 年、10 年的时间。在这个过程中你需要保证绝对的专业度和热情，或者你也可以把这称为“成长期”——你前期的付出，都在一定程度上决定了后期的粉丝质量及用户群体是否精准。

好了，有一些拥有打造个人品牌意识的人好不容易走到这一步，就忍不住要创建平台账号，进行一通输出了。当他满腔热血地设计完自己的头像、签名，发布第一个作品的时候，大概没什么比等待评论、转发、点赞更重要的事情了。从某种程度上说，人也是一种产品，而此刻我们是自己的产品经理，产品上线、开张营业的激动心情我完全能够理解。

尤其当听说别人短期涨了多少粉、直播又变现多少钱的时候，我相信有些人又会焦躁万分，进入与他人比较的阶段，从而心灰意冷、草草放弃。

从心理学角度来说，大多数人都会把注意力放在跟自己有关的事情上。所以，当一个人在表达自己的经验和故事时，要有用户思维。

用户思维，简单说就是以用户为中心，时刻关注客户的核心需求。这些需求，从商业角度来讲，无外乎痛点、痒点和爽点，对应到日常生活就是问题、成长和社交。

比如你的用户多为购买年金保险险种的人，那么你就要站在这群用户的角度关注对方的核心需求——比如，老母亲过几年就要到七十岁大寿，客户想尽心给她送个大惊喜，但不能保证那时候还有这么大一笔闲钱怎么办？那就买一份祝寿金啊，诸如此类。而不是站在自己的角度上，对用户灌输“勿忘父母养育之恩，所以你得买”的大道理。

其实打造个人品牌也可以说是“一门玄学”，没有人可以保证某套操作可以让你 100% 变身成为超级 IP。你只要以用户思维坚持输出有价值的观点，然后保持一份平常心就好了。其他事情该做的继续做，坚持在你的领域内提升专业技能，继续挖掘目标用户，链接更多人脉。

像我写微信公众号很多年了，至今已经输出了 143 篇文章，影响了 20 多万粉丝，拥有了 1 万多名付费学员。我专注在新媒体领域深耕，现在做内容电商公司，也正是过去几年持续的输出让我沉淀了很多行业人脉、资源和做内容的经验。

我是如何做到的？

永恒的答案是：专注于一个领域持续输出。

过去的我也跟你一个样，在做个人品牌的路上会面临迷茫、纠结、痛苦、挣扎。可等你开始走出第一步，干一行、爱一行，专注于一个领域持续通过社交网络输出有价值的信息时，你会发现你的粉丝向你纷至沓来，你的未来正向你招手。

个人影响力是时代赋予每个人的礼物，是打开个人品牌红利大门的钥匙。每个销售都是一支潜力股，等着你自己去发掘，而你正在读的这本书就是开启这扇门的钥匙。

4.5 有个人品牌的销售才能穿越经济周期

销售不仅是一个岗位、

一种行业，更是一门学问。

我开始做知识付费那年，传统企业面临转型，知识付费和社交电商开展得如火如荼。我有预感，我的春天要来了。

就这样，我在没有背景、没有渠道、没有资金投入的情况下，在短时间内引起了粉丝的关注，事业很快有了起色。一开始家人还一个劲地阻拦我，担心我赚不到钱或者被骗，结果我的新媒体商务小班第 10 期结营的时候，我已经提前赚到了人生的第一桶金。靠着在学员当中的影响力，我又马不停蹄地帮助品牌商卖货。那一年，我卡里的余额噌噌往上涨。

所以，我的第一桶金是靠做知识付费和电商卖货赚来的。

成名要趁早。如今才二十来岁的我，已经拥有了自己的新媒体公司，全网也积累了 20 多万粉丝，还拥有了自己的珠宝首饰品牌。

如果我那时执着于在外贸行业规规矩矩打拼，那么疫情对外贸行业的这轮冲击对于一个小公司的底层外贸员来说，将会是无比致命的。如今在疫情影响下的实体经济纷纷开始向数字化转型，比如许多连锁餐饮店如肯德基、一点点等品牌，纷纷开始构建并大力推广它们的数字化移动平台。回想一下，你是不是也很久没在线下直接对着菜单点单了？和闺蜜逛街想喝奶茶时，你是不是也会说“我们线上小程序点单，到了直接拿就行了”？

“数字化”“新媒体”……这些在若干年前还处于小众化的词语，随着“天时地利人和”，这几年一步步走进了大众视野，许多大学还专门为此新增了新媒体专业。无数账号在各平台上如雨后春笋般崛起，一条槽点满满的 10 秒视频能够一夜之间获得千万浏览量；在一个星期内一个素人摇身一变，成为 10 万粉丝的红人博主。在这样的大环境下，许多人都尝到了个人品牌带来的流量红利。

不会做个人品牌的你，正在失去市场辨识度

我们说每个人都可以打造自己的个人品牌，是因为每个人都有自己的独特性。那这份“独特性”就是你的个人标签，让你能够和别人区分开来，拥有市场辨识度。

比如李佳琦。在一次采访中，他说他自己几乎从不休假，因为他认为如果没有每天都直播，那么很快就会有别人顶替他的位置，从而把他淘汰掉。除非特殊情况，他的确基本做到了。他从来都站在用户的角度和品牌商一次次地砍价格拿低价，还贴心地按照人群需求分好商品品类，每次都提醒女生们按需消费、不要囤货……在一个达百万在线播放量的直播间里，多少主播恨不得把所有主推品都一口气上架，争取让这些流量转化成最大成交额，但李佳琦却会趁着人多开设“佳琦小课堂”讲解护肤知识。

很多人还停留在流量思维的模式中，没有进入用户思维，对情绪、理念、态度、成长、自我实现这些无形的价值视而不见。

这也是为什么主播有很多，但不是每一个都能成为李佳琦。他愿意花心思在用户身上，粉丝要什么他就去谈什么，所以粉丝对他产生了认可度和依赖性，因此即使他三个月不直播，也依然不影响他“直播一哥”的地位。

职场也是如此，作为一个销售，如果你能捕捉这些无形价值并将其可视化，那么就能突出你的与众不同，客户会在众多选择中优先选择你，因为你做了个人品牌，你有市场辨识度。

不会做个人品牌的你，也会失去破圈的可能性

有次经朋友引荐在饭局上结识了洪子晴姐姐，一个美貌与智慧并存的成功女性，她十分热情，还为我们做了一个多小时的分享。洪子晴是一位慈善家、华商领袖，同时是洪氏资产管理有限公司的主席兼行政总裁，也是一位知名投资人。我以前一直想见她，但苦于没有机会。很难想到，我现在有机会和她这样的大咖连接上。

能跟她连接上是因为我之前做博主时，邀请我一位做公司上市辅导的朋友黄老师来参加我的线下活动。有了这个事情作为连接，通过朋友的关系我结识了她，获得了更高层次的人脉资源。

所以你看，即使是这种咖位的牛人，只要有和她做共同事情的机会，是很容易连接到的。

用事情来连接人，这是我对破圈经验的总结。所以你不妨想一想，你身边有哪些朋友、哪些兄弟、哪些牛人是你特别在乎的？他们都在关注哪方面的内容？能不能想一件共同的事大家一起做？

做个人品牌是最有用的社交货币，是你与别人建立连接的价值

枢纽。

所以如果你有个人特长，比如画画、唱歌、写作、演讲、投资、销售等，都可以把特长可视化，借用自媒体平台来公开表达，建立你在朋友心中的新形象，增加连接牛人、大咖的机会。

我们依然以销售作为出发点。如果你身边有一个做了很多年销售的销售精英，那么你就可以着重连接他，去“蹭”他的人脉圈，然后以你的特长去连接更高层的人脉资源。当你在这些大佬面前有共同话语可说，有独到观点输出时，那么你于他们而言就是有价值的。在名利场上，没有人愿意做单向的且没有任何回报的输出者，如果你只会回答“对”“是的”“您真的很出色”这类毫无意义的话，相信我，没人会对你有兴趣。

当你重新理解这件事时，你也就拿到了通往新圈层的钥匙。

IP销售化，销售IP化，是大势所趋

我前面讲了很多关于普通人成功打造个人品牌的案例，我想应该有一些人已经蠢蠢欲动了。个人品牌的红利确实是这个时代给每个人的礼物，但许多事情都不是靠着满腔热血就能够成功的，尤其是商业。

做个人品牌是一辈子的事情，周期长、成本高，需要牺牲的东西也有很多。你要砸很多以“万”为单位的钱进去，花费很多时间去请教和学习，还要有超级强大的内心来承担意料之外的结果，许多人耗尽心血组织团队都不一定能够获得成功。

如果你是为了逃避“996”、寻求自由生活而选择打造个人品牌，那么我想提醒你，在做个人品牌的路上几乎是全年无休。

做个人品牌，除了要有终生奋斗的觉悟，身上的硬件也不能少——这个“硬件”，我指的就是货。可以这么理解，当你的“个人品牌”因为有产品、有流量而被赋予了商业价值时，那么你就变成了“销售 IP”。

在当今的时代大潮下，让 IP 销售化，让销售 IP 化，可谓大势所趋。

IP 销售化，代表着你必须让个人品牌嫁接产品，才能打造出有商业价值的 IP。宇宙的尽头是变现。如果没有嫁接产品，哪怕你积累了百万粉丝，那么这个流量也是没有商业价值的。

在冬奥会上爆红的吉祥物冰墩墩，以其憨厚可爱的小熊猫形象光速出圈，成为当时热度居高不下的“冬奥超高人气选手”，连国外运动员都以拥有一只冰墩墩为荣。线上买不到就算了，连线下的周边商店也排满了摩拳擦掌要抢购的人，就连我都是在冬奥会结束几个月后才买到人生中第一只冰墩墩的。

要知道，当时冰墩墩作为冬奥会吉祥物设计图样刚刚被发布到网上时，可是嘲声一片——网友们说，笑死，这只胖熊猫怎么连脖子都没有啊？

那冰墩墩是如何从一个默默无闻的吉祥物，变成全民追捧的顶流 IP 的呢？

冬奥会的曝光度虽然对它产生了重要影响，可如果没有把 IP 实体化，打造成真真实实的产品，冰墩墩无法引起全民抢购的热潮。随着冬奥会的开始，冰墩墩的手办周边、挂件徽章开始逐步上线，连运动员房间里的枕头都印着冰墩墩的图样。起初，人们只是觉得“这是一个吉祥物”，正如许多大型赛事的卡通代言人一样，有什么稀奇的呢?

直到一位记者在直播中拿着他的6枚冰墩墩徽章大肆炫耀，冰墩墩热潮开始以迅雷不及掩耳之势席卷全球。这就是嫁接了产品后IP带来的商业威力，如果是一张印着冰墩墩的冬奥宣传海报，也许你看过几次就不知道扔哪里去了，但如果是一枚冰墩墩珐琅彩徽章、一套冰墩墩盲盒、一个可以挂在书包上的冰墩墩玩偶呢？买了它的人，会因为“可爱”“做工很好”“很有纪念意义”推荐给朋友，一传十、十传百地带动销售，从而带来巨大的商业价值。

当时美院教授曹雪选中“冰墩墩设计方案”的时候，就说了一句话：它具备了吉祥物应该具备的三个特点——文化性、艺术性和商业性。

冰墩墩以可爱憨厚、具有中国文化元素出圈，但作为一个最终要趋于商业化的IP，能够卖爆，才是硬道理。

从冬奥冰墩墩，到上海迪士尼的玲娜贝儿，都是IP销售化的最好体现。这些热门IP把“商业化”放到了最大。2021年玲娜贝儿的周边销售额甚至占据了上海迪士尼业绩的半壁江山，因为疫情而被迫多次停摆的上海迪士尼，也因此赚得盆满钵满。

“销售IP化”，它并不是作为“IP销售化”的对立面而存在的，你也可以把它理解为是一种“四两拨千斤”、一个人拉动一整列火车的计谋。

我们都知道普通人做个人品牌难，但做销售会更容易些，因为他们有货。

比如丝芙兰的销售员，现在几乎是人手一个企业微信号了，许多销售员除了在朋友圈同步推送活动，甚至还会开通视频号来直播试色或代购。当这些销售通过不懈努力，以货为载体形成了一些个人影响力之后，就可以向 IP 化进发了。

我的朋友肖厂长，他从一个微信好友只有 300 人的银行职员起步，通过做知识付费产品，经过了 7 年的艰苦创业，终于积攒了 3000 万的微信私域流量，并打造出了“私域肖厂长”的响亮 IP。好处是什么呢？这个 IP 成名以后，肖厂长可以不限于卖他擅长的“私域流量课程”了。可以这么说，他如果突发奇想决定向“电子产品界”进军，那只要他有目标客户也是可以做起来的，因为他已经拥有足够强的引导力及足够大的流量。我还记得有一段时间，在我们知识付费的那个圈子里，肖厂长公司旗下的子品牌和产品在我面前可谓“疯狂刷屏”，2020 年他创立的公司“星辰教育”更是实现了一年变现 6 亿元的壮举。

成功让销售 IP 化的还有那位我总是提起的“直播一哥”李佳琦。多少人认识他是因为他专业的口红试色？现在再看李佳琦的直播，你会发现美妆带货只是他的一部分工作，如今他还在直播间卖衣服、洗衣液等日用品，而粉丝们统统都会买单。这是因为李佳琦已经从一个普通销售员转型成了实力带货 IP，他能选择的路更多，从而也就能够实现更多的可能性。

这就是销售 IP 化，一名销售去做 IP，能够把自己打造成为平台，从而获得更多的流量，实现进一步的变现。

我一直都认为，“销售”不是一个岗位，反而更像是一门学问。随着时代的变化，销售已经不单单限于什么超市促销员、保险业务员这类普通岗位上了，知识博主也是销售，他们贩卖知识和经验；公司老板也是销售，他们做的是购买员工的时间，然后把员工生产的价值加倍卖给市场。

其实，我们一生都在想办法把自己销售得更值钱。提升学历、工作跳槽、开展副业、自我投资……

所以，我们真的没有必要歧视或看不起销售这个行业，如今它拥有先人一步的契机，也拥有无限的潜能。

第5章

成为私域流量池的销售明星

舞台本身就是
一种资源，
/
但酒香也怕
巷子深

5.1 微信生态是你最易上手的销售场景

你每天都在使用的微信，

其实是你最大的生意场。

你有没有自己的抖音账号或者小红书账号？看着别人一条十几秒的短视频高达百万点赞量，一条图文上千条评论，你有羡慕过吗？你钻研了一下，觉得这些图片你也能拍，文案也能写得比他好，于是你也火速模仿打造了一条，却发现点赞量往往不超过10个。

只把平台当社交软件或搜索引擎使用的人，会觉得“不应该呀”；

对互联网玩儿法有一点了解的人，会疑惑“难道我有什么限流词吗”；

但作为在互联网沉浸了很多年的人，比如我，就会感叹背后的团队一定下足了功夫吧。筛选热门话题、做数据分析、用户画像评估、花钱投流……在你眼中也许这只是一条爆火了的作品，殊不知这背后的花样可多着呢。

对我们普通人来说，几乎每天都在使用的微信才是最容易上手打造销售 IP 的场景。

在上一章“销售 IP 化”的内容里，我拿丝芙兰柜姐举过例子，那我们现在具体来分析一下，为什么说微信生态才是最易上手的销售 IP 化的场景呢？

玩儿法简单套路少

首先是因为你的“初始道具”很简单，你只需要一部手机，下载一个微信 App，注册一个账号就可以了。

作为一个国民社交软件，几乎每个有手机的人都会有自己的微信。微信之父张小龙曾公开数据：平均每天有 10.9 亿用户打开微信，3.3 亿用户进行了视频通话，1.2 亿用户发表朋友圈，3.6 亿用户阅读公众号文章，就连逐渐被重视起来的视频号，也已经达到了 5 亿的日活。如此庞大的免费流量，如果能够被激活，那将是一笔无穷的财富。

微信被发明出来的初衷就是维系社交，所以为了照顾绝大多数人的使用体验，它的规则是十分简单的，玩儿法十分干脆利落，不像其他平台需要考虑到平台算法、账号标签、流量峰值等专业领域的知识。

比如一条朋友圈，只要你发了，你列表里大多数的朋友就会刷得到；比如发一个红包，点开马上就是钱，而不像其他平台一样还需要将钱转换成虚拟货币。

公域流量转成私域流量的过滤器

对一个销售而言，微信其实也相当于一个私域流量的“过滤器”。

为什么这么说呢？就好比你在地铁上碰到一个男生要添加你的微信，他也许是想与你交个朋友，又或许是觉得你的外套好看想买同款，总之，如果没有目的性，那么他绝不会主动加你微信。

同样的，作为一个销售，愿意进入你的微信生态圈的客人必然是觉得你存在一定价值的，也许想要蹲守更多折扣，又或许想要了解更多品牌动向；那么相对应地，对你而言你可以把他看成潜在的成交用户。至此，“对你没兴趣”的那批用户就已经初步被筛出去了。

渠道多样化

微信的优势之一是它的功能划分十分明确，想要找东西可以直接“搜一搜”，想看视频可以直接进入“视频号”，想看文章可以有专门的“订阅号”入口，等等。

渠道的多样化就让打造销售 IP 多了许多种选择。

公众号：许多人都说公众号已经没落了，短视频的崛起分走了图文的半壁江山。虽说如此，但公众号凭借着庞大的微信用户群，影响力度依然不容小觑，如今依然是许多企业做宣传和推广的手段之一。我不少做知识付费的朋友依然坚持更新公众号文章，一篇 10 万 + 阅读量的文章引入的流量，也是一组无比有震慑力的数据了。

尤其是公众号也随着时代逐渐“进化”，现在的公众号菜单栏已经可以绑定小程序和小商店了，文章内容也实现了从图文到视频号的互通，这样的改变为公众号实现商业化带来了可能。

视频号：也许是想和抖音、快手分一杯羹，这几年的微信似乎都在大力建设它的短视频系统。微信视频号的入驻比其他任何短视频平台都要简单，并且作为拥有十多亿用户的微信的“亲儿子”，视频号拥有的流量优势绝不是其他平台可以比拟的。

现今，为了弥补微信生态圈中短视频的缺口，官方也在大规模地推流，甚至打出了“商家入驻计划”“新人激励机制”的王牌。另外还有一个很特别的优势，那就是视频号的变现其实比其他短视频平台来得容易一些。这是因为如今人们早已认可了微信支付的功能，所以没有那么抵触。

微信群：2018 年，“私域流量”这个词开始走红。一直到新冠肺炎疫情出现，越来越多传统行业的公司开始意识到在线客户关系的重要性，纷纷加入私域流量建设的大军。如今的私域都已经要单独成为一门学问了，而微信群是一个没有背景的小销售能够从 0 开始做私域的重要法宝。

微信群的最大优势是能够聚集某群有共性的人，然后针对其特点来实现商业变现。如果说“加微信”是把目标用户从公域引入私域的第一层过滤，那么“入微信群”则是第二层过滤，可以把你的目标用户再进行细分从而更高效地变现。

小程序：别小看它，小程序的活跃用户也是以“亿”为单位的呢。对于品牌来说，这是一个值得花心思去运营推广的功能；而对于个人销售来说，它是你在微信生态中变现的主要渠道之一。

除了很多电商平台的入驻释放了用户购买力，像平常我们微信群中的接龙团购、分享领奖等功能，基本上就是通过小程序实现的。小程序在用户裂变、拉新引流及变现的作用中有着重要的地位，如果个人销售能够策划得当、合理使用它，它将会是你打造销售 IP 的得力助手。

现在，再看你手上的那个微信账号，是不是觉得“商机就握在手中”了？合理规范地使用好微信，它将会是你发光发热的一个绝佳平台。

5.2 如何根据行业属性找到自己的 IP 定位

找准你的专属核心标签，

才能更有竞争力地在市场上立足。

定位，是你把自己和其他人做出区分的重要参数之一。

正如每片叶子的纹理都不一样，每个被打造出来的个人品牌都必然有其独特性，发挥出独特性才能长久地在市场上立足。

我的好友安琪，如今是 AKSC 高定服装品牌的主理人兼设计师。她的品牌的礼服都属于价格昂贵的高奢高定款式，纯手工制作。一件礼服的制作周期十分长，礼服裙考究的细节处处对应得起动辄过万的价格。

那么，什么样的消费群体才是安琪的主要目标人群呢？这种规格的礼服，通常会出现在酒会、派对、颁奖礼等场合，所以安琪的目标用户几乎都是有钱的富家太太、需要社交的女企业家，还有一些网红 KOL（关键意见领袖）等。纵观她们你会发现，这一批目标用户都有几乎同样的共性：并不缺钱，甚至可能一连买几套；有自己独特的审美，眼光会更挑剔一些。

因此，站在消费群体的角度上，安琪作为品牌的主理人就必须让自己的步调和品牌调性保持一致。

我每次见到安琪，她都打扮得精致漂亮。她有一套自己的审美准则，有自己的风格调性，总之很容易就能让人看出她从事的工作是与“美”有关联的，这是她给自己的定位。安琪身上的标签有很多：环球夫人大赛评委、法国戛纳时尚领袖人物……这些定位和标签，同时也为她的高定品牌赋能。因为用户会相信一个如此优秀的品牌主理人，她出品的礼服不会差。

如今市场的潜意识就是这样，同样是高定品牌，一个“漂亮精致的美女打造的高定品牌”和一个“不修边幅的人打造的高定品牌”相比，必然是前者更能吸引目标群体去消费。

这也就是为什么行业属性和自己的 IP 定位必须要高度一致，才更容易获得话语权。

那么，要如何根据行业属性来找到自己的 IP 定位呢？这里我把行业属性的常见标签做了三个大的分类，你可以结合自己的情况摸索一下个人定位，或者为自我提升增加一些灵感。

强调专业性的行业

专业性强的行业基本上是“技术性”的行业。如保险销售员、程序员、医生、教师、建筑师这类精于某个领域的职业，他们的技术是需要耗费大量时间学习才能获取的。在别人无法付出同等精力和时间的情况下，“专业度”就是他们最好的说服力。

比如你要做一个像“丁香医生”这类的科普类 IP，那么这就需要你的专业性来作为第一支撑了。判断你是否属于“专业性强”的很简单，当别人对你质疑时，你能甩出某本证书或举出某个专业理论来反驳他的观点，那么你就是具有专业性的。

强调风格性的行业

强调风格的人群通常来说会更感性，所以才能自成一种风格。强调风格性行业的特征也很明显，基本上与“艺术”或“美学”脱不开关系，比如摄影师、设计师、插画师、演员、化妆师、穿搭博主等职业。

这类人群是需要风格性大于专业性的，比如摄影行业，按快门、调参数这些动作每一个摄影师都烂熟于心了，能把他们区分开来的就只有“风格不同”。同样是拍人像，摄影师 A 很会捕捉人物的故事性，那“情绪写真”就是 A 的风格定位；摄影师 B 擅长拍日系少女人像，那“元气活力”就是 B 的摄影风格定位。

强调价值性的行业

强调价值性的行业基本上与“成长”挂钩，也是在当今互联网时代下打造 IP 最热门的选择。

这里的价值性我细化为了两类。

一类强调内在价值，即情绪价值，你可以把多数的情感博主、读书博主都归纳为这一种类的提供者，他们不需要多特别的个人风格，也不需要多么高的专业水平，他们只是掐准了人性特点来为你提供情绪价值。

另一类强调外在价值，即个人行为导向的指引。一些创业者、CEO 亲自开通账号讲解行业内幕、行业变化，他们的定位就是“指引者”。

三大行业属性是第一层定位细分。你可以根据你的能力、性格、特长继续进行第二层定位细分，最终找到属于你的“核心标签”。

比如，你可以向别人介绍自己是一个“丝芙兰的销售冠军”，这个定位强调了专业性。你也可以向别人介绍自己是一个“很懂化妆的丝芙兰销售冠军”，这个定位更加具体了，在专业性的基础上还加入了自己的特长。但你千万不能向别人介绍自己是一个“既懂化妆又会做业绩的丝芙兰销售冠军”，这样会让你的定位显得十分模糊——人家是应该找你学化妆呢，还是找你推荐产品呢?

在找自己的 IP 定位时，一定记得先找“第一层定位”，再找“第二层定位”。这样可以让你的人设更丰满、竞争力更强，也为后面销售 IP 的形成奠定了基础。

5.3 如何错位竞争提升自己的稀缺性

错位竞争，

是打破“内卷”的一把钥匙。

当康师傅方便面和统一方便面还在比较谁的新品口味更好吃时，自热火锅以丰富的食材打破了人们对“方便食品”的认知框架，横空降世，把两位“元老”杀了个措手不及。

“硬碰硬”是最吃亏的，只有在巨头所在的价值网之外找到适合自身优势的边缘价值网，你才能拥有自身的生存空间。

技巧一：打造差异性

提升稀缺性的核心就是打造差异性。之前看到我的一位老朋友特军老师——士力清品牌创始人、汤臣倍健品牌的公关顾问，也是暨南大学创业导师，在他出版的《重新定义营销》的书里就提到过：所有的产品和服务都可以实现差异化，找到产品的和服务的差异性，做营销将会事半功倍。

比如卖衣服。卖一款标价一样的西装，A 规规矩矩地装袋打包发货了，但 B 套上衣架、用防尘袋包好，并且贴心附赠了一个迷你针线包再发货。B 多做的那些功夫，成本并不高，但为用户提供了多一层的服务价值，从用户体验的角度来说，B 店铺是比 A 店铺更有竞争力的。

比如个人品牌的打造。假设咱俩都是知识付费讲师，讲课的质量也不分伯仲，但我跟你不同——我除了是讲师，还是公司老板，我还曾经在小区广场舞大赛力压大爷大妈拿下第二名的成绩。这一轮介绍下来，旁人应该多多少少会对“广场舞”产生一定印象吧。

这就是差异性。打造个人品牌的知名顾问秋叶老师也曾经说：“作为普通人，就要刻意设计自己的记忆点。”

这个“记忆点”可以是任何东西。一般来说反差越大，稀缺性就越大。当你呈现出来的东西与别人的不一样，够特别，那么你就会更容易被市场和用户注意到，从而达到错位竞争的目的。

分析这些年爆火短视频的类别，那些突然出圈的普通人似乎都是靠着差异性来打造记忆点的。前段时间爆红的“垫底辣孩”，就是靠着变装拍时尚大片出圈，在早已流量饱和的短视频平台独自闯出一条新路。其实变装视频有很多，但不是每个人都能想到拍奢侈品牌时尚大片的创意，也不是每个人都能制造出从“农村”到“时尚杂志”的强烈视觉冲击，更不是每个人都能把廉价道具拍出高级感的。

时机固然很重要，但我们同时也不能忽略差异性给别人带来的威力。

放在销售行业上来讲，如果你要打造一个个性鲜明的销售员形象，你可以为自己添加一些趣味性的标签来突出自己的差异性。你可以问自己这样的问题：“我和其他销售员有什么不一样？我比他们更有优势的地方在哪里？我能通过这些优势赚更多钱吗？”总而言之，你要想办法让别人认为你是个有意思的人，别人才愿意跟你有更深一步的交流。

技巧二：把劣势转化为优势

错位竞争，还有一个小技巧是把你的劣势转化为优势。

放大劣势带来的优点是聪明人会做的选择。在职场上不要被别人牵着鼻子走，尤其是刚出社会或者刚入行的新人。

回想我刚刚做传统业务员的时候，几乎每天经历经理的职场PUA（指精神打压或情感控制）：你才刚入行，肯定经验不够，我放你出去跑业务肯定是白费力气！因为“经验不够”，我常常被发配去做打印文件的琐碎事情；因为“经验不够”，再好的客户和资源都不会落在我的头上。

那时候没有底气，几乎是任人摆布，刚入行被欺负一阵子的“潜规则”也是咬咬牙就坚持了过来。但如今回头看，谁说年轻在职场上就是一件坏事儿呢？

一切事物都具有双面性，年轻虽然意味着经验不如老员工丰富，但年轻人的拼劲和活力可是绝无仅有的。如今在我的团队中，除了运营是个混迹职场多年的老手，其他的小伙伴几乎都是刚刚二十出头。当看着他们叽叽喳喳、活力四射时，我也会跟着变得战斗力满满。尤其当工作碰到瓶颈时，他们那种“我决不罢休”的磅礴气势，真的让我看到什么叫作年轻的力量。

职场中要有这样的思维，当别人指责你的劣势时，你要思考能否把它转换成优势，然后打出一张你的王牌。

与其更好，不如不同。错位竞争，可以说是褒义上的投机取巧，扬长避短、以弱胜强，无论放在古代还是现在都不失为一种聪明的做法。尤其是在如此高度“内卷”的当下，懂得错位竞争的人能够以最轻松的状态获得最大的效益。

我的一位在营销领域深耕数十年的朋友——肖教授，也一直跟我强调，“别想着做No.1，要想着做Only1”。因为行业巨头竞争之激烈，是我们短期内无法加入竞争的一场战役。其实我们大家都心照不宣，一个小白销售再怎么努力、再怎么幸运，其实都是无法和行业巨头一较高下的。不信你看，互联网上千千万万个主播，能做头部主播的人却屈指可数。

不管是打造差异性也好，还是把劣势转化为优势也好，把错位竞争的秘诀总结成一句话就是——清楚地意识到自己属于大部分人，但做少部分人会做的那些事。

5.4 搭建你的微信视频号

视频号，新时代的一张个人名片。

前面我也提过，其实这几年的微信为了分得短视频的一杯羹，一直都在大力推广微信视频号功能。

视频号建立在用户数量庞大的微信平台之上，除了拥有庞大的用户基数作为优势，其功能上的设计其实也是覆盖了微信流量的所有接口。你可以现在就点入视频号入口研究一下，在视频号的页面上可以做到私聊转发、群聊转发、朋友圈分享、搜一搜等，从而实现流量导入的最大化。微信其他功能也实现了和视频号的相互连通，不仅可以链接到公众号，也支持链接到各种小程序或小商店，甚至连微信支付都可以跳转了。

微信号直播也以它的“玩儿法简单”和“规矩较少”逐渐被个人和商家注意，在今年它也许会成为“双 11”或“双 12”这种大型促销节日的主战场之一。

可以说，微信现在力捧视频号是为了使微信生态形成一个更完整的闭环，开启流量的正向循环。

我开始做微信视频号是在两年前。那时候的主流短视频平台还是被抖音、快手两大平台互分天下的，流量已经极度饱和。因此自知竞争力不足的我，毅然选择了跳到微信视频号的轨道上，而事实证明我当初的选择是正确的。同一条短视频在没有剪辑技巧、推流、蹭热度的情况下，微信短视频引入的自然流量，比抖音带来的自然流量多了足足一倍有余。

当时我和团队也做了不少数据分析，是不是视频号还有什么隐藏的玩儿法？是不是因为在抖音触发了什么限流机制？直到我的一条微信视频号视频的爆火——那是一条即兴的选题，我略做了些剪辑包装，加了字幕和滤镜，竟然在一天之内冲破了十几万的浏览量。后面到百万播放量，点赞到 1 万 +，而那时候我的账号都还没来得及认证“职场自媒体”的“黄 V”。

当时我就敏锐地察觉到，微信视频号正在暗暗发力，试图分得短视频平台的一部分红利。

同样捕捉到这个风口的还有我做知识付费的朋友魏琪。她在视频号会分享一些自己的经验和干货，比如“如何让社群保持活跃”“如何获得曝光度”，以及她日常出席活动、接受访谈的视频，这些 30 秒到 3 分钟不等的精华内容，每一条的播放量都很大，平均点赞量都超过 200。如今视频号更是实现了和商城的互通，点进魏琪的视频号，你除了能够看到许多干货小视频，还能够看到她讲课的直播回放。如果觉得她的课讲得十分受用，你还可以顺便点进商城买她的线上课程，可以说是“一条龙服务”了。

依托平台扶持，视频号如今依然处于流量红利期，更容易打造出拥有百万粉丝的大 V 账号。眼下无论是个人还是品牌，入局微信视频号都不算晚。

建号前，先梳理内容和方向

做短视频大致可以分为以下四个方向：卖产品、卖服务、卖广告、卖自己。

卖产品，通俗来说其实就是带货。通过短视频介绍自己的产品，然后在视频下方带上产品链接，用户点进视频对你的产品产生兴趣，然后点击链接去购买。这一类短视频对粉丝数据或播放量要求不高，只要能把流量最大化地转为成交额就够了。

卖服务，你看到的“×× 老师的变现课”“教你如何 ×××”“房子应该这样装”这类的短视频，都是属于卖服务的类型。这些博主基本都是拥有自己擅长的某个领域，然后售卖他们的“专业性”，通过这种专业性来吸引用户关注。

卖广告，这一类基本都是商家在做，或者是积累了一定粉丝量的账号在做。这类账号起步较难，因为你需要很强的涨粉能力，才能让账号实现商业最大化。

卖自己，就是打造个人 IP 的事儿了。个人 IP 的变现方式是通过个人品牌的影响力来带动销售的，因为你具有了个人价值和用户信任度。现在除了卖产品，许多人都投身到了“卖自己”的这个赛道中。

当根据自己的特长和喜好确定了视频号的打造方向后，你就可以开始着手建号了。

关于建号的二三事

许多人建号面对的第一个难关就是取名字。

想打造一个有个人影响力的账号，又觉得自己的名字不出众、不容易被记住；想取一个“艺名”来直播带货，却又怕别人不知道自己做哪个领域，在展示第一印象时就被筛掉了。这里我给你分享三个通用的取名公式。

A：领域 / 特征 / 关键信息 + 名字

这一条是最万能的通用公式，十分规矩、不易出错，并且降低了理解成本，从名字上就能让别人知道你的账号是做什么的。比如“私域肖厂长”“发型师托尼”“爱读书的 CC”等。

B：名词 + 指导性词语

这一类更适用于垂直领域账号，着重点在于“领域”，较前者来说会比较活泼跳跃一些，没有那么正式和死板。比如“悦悦教你挑口红”“香水指南”“觅食大队长”等。

C：地域 + 名字

这一类注重地域性，适用于一些本土宣传类、测评类、探店类账号。比如“深圳小当家”“北京玩乐事务所”“莉莉在上海”等。

取名的雷区需要格外注意。第一是避免名字过长。名字太长，系统不仅会自动省略后面的内容，还增加了别人的记忆难度。第二是避免生僻字。当你搜索一个账号，却有一个字死活都在输入法里找不到的时候，我想你有很大的概率会选择放弃搜索。第三是避免名字毫无意义。这个尤其是新人需要注意，当你没有你的个人品牌、没有粉丝影响力时，千万不要取一些类似“小芒果”“可爱多”这类毫无意义又重名率过高的名字。

解决完名字的问题，接下来就需要完善你的头像和简介了。

建号对头像的要求不高，如果打算“卖服务”或“卖自己”，你就可以放自己的形象照上去，丰满你的人设；如果打算做品牌或做产品，你就可以放 logo 大图或产品特写。因为我们主要站在个人的角度上搭建新账号，所以你大可以选择你的真人形象照，这样更容易获取用户的信任。

账号的简介和标签是为了呼应你的账号属性，做补充说明的。你可以从人设背书、涉及领域、特色记忆点这三类简介类型入手，给你的账号做进一步的补充。

A：人设背书

比如：销售冠军、私域操盘手、传媒公司创始人、知名律师、福布斯精英榜上榜者等。

B：涉及领域

比如：职场干货分享、好物测评、深夜读物、手工 DIY、教你如何提升审美等。

C：特色记忆点

比如：社交恐惧症、犀利毒舌、租房住的富二代、有口音的普通话、笑容可爱等。

你可以从这些内容中挑出一些有代表性的进行融合，比如由一个销售打造的叫作“慧慧很会买”的账号，就可以在简介里写“一个教你如何省钱买大牌的丝芙兰金牌柜姐”，标签则挑选“买手”“省钱”“彩妆”等字眼。

视频号账号搭建起来之后就可以开始着手你的视频制作和发布了。内容发布围绕账号属性即可，需要记住一点：先追求完成，再追求完美。所有新人小白发布视频都几乎是从零经验开始摸索起来的，你要做的就是坚持更新并从发布的视频中定期做复盘，分析出用户爱看什么不爱看什么，然后根据情况调整你的视频内容。

5.5 装扮你的微信朋友圈

朋友圈就是你行走江湖的脸面。

无论社交还是做销售，当今社会的现状是一切“聊得好”的结果，最终都会落到同一句话上：“咱俩加个微信吧。”

微信，就是如今被大多数人所接受的数字版“个人名片”。人们了解一个人，会从微信头像、昵称、朋友圈来判断他是什么类型的人：头像搞怪、经常会在朋友圈里分享一些段子或日常生活的人，那么TA一定是比较年轻的、性格相对外向的、好沟通的那类人；头像有些艺术感，签名是一句诗，朋友圈发的图片构图精美且文案高级的人，那么TA一定是有一定的审美、很注重生活质量的人。

头像、昵称可以随时修改，朋友圈却需要长时间的运营。如果想要为你的私域流量助一把力，学会装扮你的微信朋友圈，是一门必不可少的学问。

我的团队中有一个年轻的摄影小伙伴木然，他就是一个很会经营自己朋友圈的人。他把自己的个人名片装扮得十分精彩，头像正式又带有点儿自己的风格，个人签名里把自己的定位“喜欢摄影、崇尚运动”标注得清晰明确，朋友圈的内容既有关于摄影的专业知识、复盘思考，还有自己连接人脉、参加会议时的vlog（视频网络日志）。但翻看时，你又并不会觉得“哦，这是他的工作专用号吧”——因为在今年5月的时候，木然连着分享了一星期川西自驾游的精彩经历。

我会觉得这样的朋友圈真诚且有质感，拥有让我“愿意看下去”的魔力。它拥有一种贴近人的感觉，没有刻意营造高高在上的氛围，这也是很多经营朋友圈的人最容易忽略的地方：

我的朋友圈明明都是我精心总结的干货啊，为什么有些人不爱看？

我的头像、背景、配图，每一张都是完美比例的构图，为什么互动率就这么低呢？

装扮微信朋友圈有一条核心准则：贩卖感觉大于贩卖内容。

贩卖感觉

这个“感觉”其实就是所谓的黄金三秒准则，即能否在三秒内抓住别人的眼光，做用户留存。别人看你朋友圈的动作基本上都是：点进去第一屏时的印象，然后划拉两三下，结束。你若要在这个短暂时间内让别人对你产生好奇，就必须依靠“感觉”。

感觉的打造需要对昵称+头像+个性签名+背景封面+朋友圈风格这几个要素进行整体把控。

其中昵称、头像、个性签名可以参考上一节“搭建你的微信视频号”的内容，其中的个性签名除了可以贴上个人标签，也可以做一些个人价值观输出，让自己的个性更鲜明。比如，我的个性签名就是“做一个学生”，除了能对外人表达出谦虚之意，也能够时刻警醒自己保持长期学习的能力。

背景封面也不应是“什么好看就放什么”。它占据了第一印象的半壁江山，所以我们要学会设置一个有高价值的朋友圈背景封面。背景封面的图片，主流的选择有三类：真人照片、定位标签、权威背书和数据支撑。

真人照片：能够最大限度地为用户带来真实感。背景不要过于混乱，个人样貌积极向上，有自己的风格即可。注意，避免使用“大头贴”或“游客照”，因为没有人会愿意看你的自嗨式审美。

定位标签：如果你不喜欢露脸，没关系，那就打出你的标签吧。简短、明确、有力即为上乘。如果你需要强调你的专业性，那么你就可以在商务风格底色上加上一行“××品牌创始人”“知名私域操盘手”等，这些头衔会在别人看你朋友圈第一眼时就让你被注意到，从而使别人对你产生信任感。如果你只需要强调你的个人审美，放上一些构图合理、像素清晰的美图也不是太大的问题。

权威背书和数据支撑：这是最能体现专业性的背景封面，比如我一个同样做珠宝品牌的朋友，一打开她的朋友圈，那张“高级珠宝鉴定师”的证书就赫然呈现在眼前；而当时同在有赞讲课的一个朋友，当她把“国家理财规划师，全网超10万付费学员”这两行字放在她的朋友圈背景封面时，打开她朋友圈的人第一时间就会觉得，“这人，挺牛哈”。

朋友圈的整体风格也会影响你的“感觉分”。假如你点开一个销售的朋友圈，划了几下，发现她今天发了一张可爱风格的自拍，昨天发了一张风景图并配一段鸡汤，前天又分享了一些品牌动态，那么你大概率会觉得这个销售“不太专业”，从而减少了主动去咨询她的想法。这就是“整体感觉”的影响，这就需要你好好策划你发的每一条朋友圈，因为它们都是为你创建人设而服务的。

除此之外，朋友圈尽量不要每天都发“小作文”来刷屏，要注意长短结合。在文化快餐盛行的现在，没有多少人愿意耐着性子看完你的每一篇长篇内容。

贩卖内容

这里的内容是详细到“图”与“文”的。装扮你的朋友圈，就好像在拍一部戏一样，头像、昵称、背景封面是你的美丽皮相，而发布的内容就是你的故事和台词。

朋友圈的内容需要有松弛感，如果一点开齐刷刷都是“今天热门推荐款”的官方文案，会缺少一些人情味儿，让别人觉得你就是一个“卖广告的机器”。松弛有度意味着你可以从日常生活、日常工作、取得的成果、感悟心得等几个方面入手来打造，有自己的情绪和思考，才能营造出人设的“真实感”，而不是一个“卖货机器”。这一部分的朋友圈文案写作方法，我会放到后面的章节细说。

图片也需要讲究一些构图和色彩，尽量保持风格一致。这就需要你在日常生活中不断提升自己的审美水平，你也可以添加一些对标的账号进行参考和学习。

比如，你可以跟随时下热点发表一些自己的想法，这样有更大概率能够获得别人的共鸣，从而打开话题；同时也能加深你在别人心中的印象。就好像木然，偶尔会在朋友圈发布自己的一些复盘思考或分享收获了什么新的经验，虽不多，但能够营造他的“人设专业度”——现代人，早就习惯从朋友圈去了解一个人了。

日常生活、工作打造“真实感”，成果和心得感悟打造“信任感”。只要好好运用“松弛有度”的原则，你也能够装扮出一个精彩又高级的微信朋友圈。

扫一扫上面的二维码图案，加我为朋友

如果你想要围观我的朋友圈或者想与我讨论你的一些思考与想法，可以扫描我的个人微信二维码（备注：读者），欢迎你的到来哦！

第6章

6 打造销售IP，是销量倍增的有效密码

无论大小企业，

/

IP 都是未来企业

在宣传营销中的关键一环……

6.1 有“钱途”的企业都在打造销售 IP

无论企业大小，

IP 都是企业在宣传营销中的关键一环。

说到“天猫”，你想起的第一个形象是什么？是不是那个红黑配色、大眼睛的大头猫咪？如同京东的“钛金狗”、新浪微博的“大眼仔”一样，如今许多企业都开始推出品牌的虚拟 IP 作为形象牌，这些虚拟 IP 除了能表达企业文化，还能够产出额外的商业价值。比如品牌联名、IP 周边，这些除了能够为品牌本身赢得关注和流量，卖出的周边产品也变成了实打实的收入，进了公司的年度账本。

你会发现，那些有“钱途”的企业在打造销售 IP 这件事上无比执着，而我们普通人也确确实实地看到了 IP 的影响力和变现能力。我外公，一个 80 多岁的老头，跟他提起“京东商城”的时候，几乎不会玩儿智能手机的他都能说出一句：“哦，那个送货很快的‘狗’啊！”

当今局势是无论大小企业，IP 都是未来企业在宣传营销中的关键一环。

IP 自带的社交化属性无可替代。IP 做起来的生态圈就像一张网，它几乎辐射到各个能够获利的领域，就拿我们熟悉的李佳琦来说，李佳琦 +Fresh、李佳琦 +Coach，李佳琦 + 周大福……这些交点越多，“李佳琦”这个 IP 织成的网就越大，覆盖到的人群就越广。同期，李佳琦的“OMG”表情包系列也为社交化做了一次推波助澜，这些由 IP 带来的热度和曝光度最终都指向了更丰厚的收入。

IP 的亲和力属性能够让品牌变得更有温度。IP 的诞生意味着品牌人格化了，品牌从高高在上的位置下沉，和用户进行互动，有了人情味儿，而不仅仅是在做冷冰冰的产品售卖了。这就是消费者心态，当一个品牌有“血”有“肉”了之后，人会更容易产生认同感，从而更愿意为它买单。

IP 的社交化属性和亲和力属性，归根结底都是为商业变现而服务的，这也是为什么大小企业都愿意花大量心思去打造一个爆火 IP。

天猫、京东这些作为行业顶尖的企业集团，投资在打造 IP 这件事上的钱自然也不会少到哪里去。几百万元、几千万元的投资，专业的设计和运营团队操盘，与其他大品牌联名互动……这些大量的资源，足以让一个凭空而出的虚拟角色成为顶流 IP。

其他那些不想花大心思打造一个虚拟 IP 的企业，想要获得同样的结果，只有一个可行的办法，那就是把现成的“人”进行 IP 化。创始人把自己或者把合适的员工变成 IP 是对这些企业来说，以更低成本获得更大成效的最好方式。

业内有一个十分成功的把创始人打造成 IP 的例子，那就是罗永浩。

说到罗永浩，我们会自然而然地联想到“锤子手机”或者“草根力量”，再或者是那句“彪悍的人生不需要解释”……从新东方老师到锤子科技董事长，再到如今的带货网红，虽然人们戏称他“干一行糊一行”，但不可否认的是，如今的罗永浩已经成为一种标签、一个符号，是一个超级有力的头部 IP。

“罗永浩”这个 IP 放到如今就代表着屡战屡败的热血精神和理想主义。因为人们清楚地知道他的励志故事，看着他 2001 年入职新东方做讲师，接着辞职开始创业，然后创业失败负债 6 亿元，到 2020 年再转行做直播卖货还债，整个过程可谓十分励志和戏剧化，有着十分具有冲击性的情感打动力，于是观众们对个人的这份认可逐渐转变为对产品的消费。

依托这些年积累下来的粉丝量和影响力，当年宣布进军直播届的直播新人罗永浩在直播首秀中就交出了交易总额 1.1 亿元的漂亮成绩单。而罗永浩的直播平台坑位费也一跃超过头号主播达到了市场最高价，但依然还有无数的品牌踏破门槛找他合作，罗永浩也坐稳了“带货一哥”的地位。

其实包括我自己也是在一番挣扎后，才决定从幕后走到台前的。

很多人认识我也许是因为听过我的课，又或许是看过我分享的购买清单……总之，“善聊”“爱笑”“爱美”“精致姐姐”，这些贴上来的标签逐渐变多，最终组成了“宸希雅”这个个人 IP。在我的珠宝品牌刚创立、作为创始人的我第一次在微信视频号直播的时候，许多粉丝不请自来，本来只是打算开直播分享一下创业小故事的我，在下播时惊讶地发现点赞量居然高达 8 万多。

新东方的俞敏洪、格力集团的董明珠，这些创始人一个个选择了“抛头露面”打造个人 IP，除了是大势所趋，更是因为这些创始人身上有足够的力量和底气来让用户靠近、让用户信服。个人 IP 的光环能为他们的产品赋能。你知道有多少人是因为被董明珠强大的女性力量所折服，才选择购买格力空调的吗？

你可能会有疑问，这些热门个人 IP 的成型是因为创始人本来就有一定名气，或者是因为有出名的企业作为靠山，可谓“强强联合”，但我们普通人、小企业又怎么能够达到这个高度呢？

达不到这种高度，可以模仿这种模式呀。IP 本就不分什么高低贵贱，只要能够做出业绩，具备了商业化的特质，那就是一个成功的好 IP。

每个企业都有创始人，每个企业都有员工，而每一个人都是一个潜在的 IP。其实你只要观察就会发现，隐藏在人群中的小 IP 有很多，比如一些五六万粉丝的穿搭博主，比如一些只有 1000 个粉丝的讲师，甚至可以是一个刚起号一个星期、在视频号里分享了几款好物的专柜销售。他们都具备一定的销售力和影响力，多多少少带动了业绩的增长。

如果你是公司创始人，想要代表公司形象，想让公司获得更好的成绩，那么你可以像我一样亲自打头阵，把这条路子从 0 到 1 跑通之后，再交给团队运营；如果你不善言辞，也不太喜欢面对镜头，那么你大可以挑选和培养合适的员工替你上阵，前提是——得合适。

就好比，我有一位好友 Doris 是超模大赛的冠军，她自己有一个服装品牌，因为平时商务活动很多没有办法出镜拍摄内容，她就请一位助理跟进并签约三年。点开她的视频号主页，几乎都是这个漂亮小姐姐在出镜拍摄，而她给这位助理打的标签是“小二搭配师”。

不是创始人出镜会影响她们的种草能力吗？很显然是不会的。她的助理长相甜美，会穿搭、会讲解，十分契合品牌“韩式休闲女装”的风格调性，“让人看了就想买”是她们为品牌带来的商业价值。换句话说，这位“小二搭配师”已经是个成功的 IP 了，因为她，这家服装店实现了销量猛涨的目标。

那么，站在企业的角度，应该如何挑选出“合适的人”来做IP呢？

第一，要有时间和精力。

打造IP是个长期的过程，所以第一个必须要保证的是这位“人选”要有足够的时间。

如果你是创始人，这个月兴致勃勃地出镜了几次，下个月又因为太忙碌而换人或者暂停，那么前面做出的努力就白费了；如果你挑选了一个活力满满的实习生，人家做了三个月后实习期满回家考公务员去了，那么这个也许已经成型的IP也会随之流产。

这个人必须能够保证有足够的时间和精力来陪伴这个IP一路成长，从无到有、从小到大。

第二，自信爱聊的社交王。

有些人天生就恐惧镜头，看到镜头扭扭捏捏，说不出一句话。但代表企业形象的个人IP是最能呈现出企业文化和精神面貌的，所以这个人自信、会说话、有情商就显得十分重要了。

这位候选人不一定要有舌灿莲花的嘴皮子，但一定要有能够自信大方地面对镜头的能力。TA的亮点可以是很会接话茬儿，也可以是拥有足够的知识储备，不时输出一些金句来为品牌加分。

正如董明珠于格力一样，她在某综艺上沉稳的谈吐、威严中又不失人情味的形象着实为格力的品牌形象添光加彩了不少。

第三，拥有特殊的记忆点。

如果说前两者是必备条件，那么后两者就属于加分项了。这个记忆点可以是让人能留下印象的一切，无论是内在的还是外在的都可以。总之，要在尽可能契合品牌风格或行业属性的前提下制造一定的反差感，比如一个卖电视机的，他的普通话却带点儿口音，诸如此类。

这方便观众在心里为你打上标签，从而更快地记住你，那么你就可以在一众“平平无奇”的人中脱颖而出。

第四，好看的皮囊是加分项。

打造一个个人 IP，就要求创始人用一种“打造流量明星”的思维去做。谁不喜欢美？即使有人已经抱怨“审美疲劳”，但那也是一种“甜蜜的烦恼”呀。

坦白来说，在这个社会中，“好看的皮囊”确实更具优势。在抖音直播间中那么多的“颜值主播”，就算静静坐在那里美成一幅画，都有许多人喜欢。同样地，一个人好看端庄、谈吐自信和一个人不修边幅、含胸驼背，你会选择谁来代表品牌呢？那毫无疑问是前者。

美是人类视觉在意识范围内的本能性选择，不要小瞧它的威力。

总之，打造销售 IP 这件事，需要评测和衡量的东西有很多，不是你今天想做就能够做成的。它更像是水滴石穿的一个过程，当这颗石头被击穿之时，才是大功告成之日。

如今，许多有目光、有野心的企业都已经被推着走上了这条路，如果你现在不做这件事，将来只会拉大和别人的差距。一个爆火的 IP，一场两个小时的直播就能够带动百万销量，而这可能是某家企业苦苦经营、改了无数方案、花了一年时间才能够达到的业绩数额。别人仅仅花费了两个小时，他却用了一年时间才追上。

会赚钱只是企业的基本功，但学会高效率地赚钱才是一家有“钱途”的公司应该修炼的真本事。

6.2 形象意识：谁不喜欢价值百万的美丽皮相

“好看”本身就是一种资源优势。

前段时间在朋友的推荐下看了部职场剧，谭松韵演的。我没看几集，因为剧情对我一个吃过许多苦的创业者来说倒是引不起什么共鸣，但有一些职场哲学，确实有点儿门道：“把自己打扮得养眼得体，不单是对别人和自己的尊重，也是一种能力的象征，代表着你能够从容地兼顾好工作和生活，而不是疲于奔命。”

这一段台词我当场就录了屏，因为当谭松韵摘下黑框眼镜，被别人夸奖“你的眼睛很好看”的时候，我立马就想到了自己。可以说我对形象管理意识的觉醒，就是从下定决心做激光手术解决近视眼的那一刻开始的。

以前戴眼镜时，我几乎不会过于关注自己的形象，并且还十分执着地坚信皮囊什么的都太过肤浅——只要我足够努力，谁还看不到我呢？！

其实不然。就如我在上一节里提到的一样，自古以来美丽的皮囊都更具优势，无论职场还是生活。不然的话，星探为什么只挑漂亮的素人参与造星计划，那些好看的姑娘总是不乏追求者呢？

因为好看，本身就是一种资源；因为好看，才更容易被别人看到。

当你每天收拾打扮好出门上班，头发柔顺、妆容干净、衬衫平整的时候，你会觉得自己“特别棒”，因为人的心态是会被人的状态所影响的：

“我今天打扮得这么好看，才不是来和愚蠢的同事较劲的呢！”

“今天不在会议上好好表现一下自己，那我的睫毛不就白贴了？”

“那个男生今天看了我好多眼，我今天肯定特漂亮！”

……

这就是自我包装和形象意识带来的影响，一个好的形象，对你来说能够获得更多自信，对企业或个人 IP 来说则是增强竞争力、吸引观众的有效手段。

我喜欢奥黛丽·赫本风格的原因之一，不是单纯的“好看”，更多是因为那位颇具传奇色彩的奥黛丽·赫本女士是一位无论何时都保持优雅得体的女人，一位因为美貌而让世界审美潮流为之倾斜的女人。她那一张别人拍起来无比普通的黑白正脸照，却成了数代人心中的经典。

因为她的美貌和独到的吸引力，简单优雅的赫本风格得以长盛不衰，“奥黛丽·赫本”也因此成为一个时尚界的 IP，代表着优雅、美丽、女性力量。除此之外，你很难再找出另外一种风格来定义“优雅”这个词。

这就是美貌的威力，一个女人凭借惊为天人的美貌改写了全球的审美。

这威力不止于此。那一年，纪梵希先生为奥黛丽·赫本设计了一瓶专属香水“禁忌”。在几十年后的今天，纪梵希品牌依然在柜台售卖着这瓶传奇之香。在迭代了许多个不同版本之后，仍有源源不断的人因为奥黛丽·赫本前来购买这瓶香水，想要拥有和赫本一样的优雅高级的香气。

这是一段佳话，也是一场长达60多年的销售宣传，无数男女因为奥黛丽·赫本为品牌买单，为美丽买单——那可是一位传奇一样的女人啊，为她而生的香水如今就在我的手上，仿佛是遥远的女神走到了身边！顾客买了它，获得了满分的消费体验和精神富足感，而品牌也能够因此获利，达到理想状态下的双赢。

如果奥黛丽·赫本不是一个风华绝代的漂亮女人，如果她的美丽不被世人发现，那么后面的这一切故事都有可能不会发生。

就像厂家会花高价设计漂亮的产品包装一样，我们也需要拥有形象意识，学会包装自己，不仅仅包装你的外貌，还有你的定位标签，甚至还有你的社交名片。

现在，请把你自己想象成一个正在着手打造IP的创始人，你决定以创始人的角色亲自上阵，为公司代言。接下来，开始我们的变美之旅吧！

真人形象的打造

真人形象是你照镜子时那个真真实实的自己，也是别人眼里所看到的你的样子。

懂得收拾一下自己是对你最基本的要求，不要把“素面朝天”当作人生格言。正确护肤，注意日常保养，有时间和经济能力的话还可以考虑做一下医美。生活中你可以多去购买一些时尚杂志或者逛逛美术馆和参加展览，再者可以直接走进服装店转转，这对美感的提升会有很大帮助。

放在日常职场上讲，你的真人形象干净大方为宜，但从互联网和 IP 打造的角度来讲，你要么“经典到底”要么就“离经叛道”。

经典的大众主流审美，不容易出错，但比较考验一个人的“美商”。“美商”需要后天慢慢培养和渲染，它要求你有特别独到和专业的审美，比如同样是复古港式风格，为什么 A 和 B 都穿，A 就更加好看一些？哦，A 讲究了一些色彩搭配，衬衫领口打开了一些，好露出她引以为傲的锁骨。A 还特意把珍珠耳环换成了夸张的吊坠，让自己的脸看起来不那么圆。这些基于自己个人条件修饰得恰到好处的细节，往往能让一个人从同类型风格里脱颖而出。

如果你的“好看程度”和“美商”都比较平平无奇，不足以让你破圈，那么就需要打造你的专属记忆点了。这个记忆点并不是说让你恶搞自己来让别人记住，而是让某种东西成为你的个人标签——可以是一个永远不会摘下的发卡，也可以是一只你一直带在你身边的包包，等等。就拿发卡来说，当别人习惯了你头上有一个大水钻发卡，某天你故意没有戴的时候，有人问：“你的发卡呢？”那么，这就代表着你因为个人记忆点而被观众记住了。

虚拟形象的打造

虚拟形象指的是你想通过平台呈现给别人看的样子，它不受先天条件限制。这里我以微信平台为例，在 IP 打造方法论的基础上分享一下虚拟形象该如何打造。

从大范围来说，虚拟形象也分“实”与“虚”，即你在网络上呈现给别人看到的和你让别人感受到的。具象化一些来说，“实”是你的头像、封面、昵称，“虚”则指的是人设和三观。

好看的头像和封面，找专业的机构和人去拍摄。很多人都存在一个误区，他们觉得现在的手机摄像头进化得堪比单反相机了，自己买套好看的衣服拍拍，再用软件修一下图不就行了吗？其实不然，专业的事还是要交给专业的人去做。一个优秀的摄影师，其拍摄用到的光影、构图、布景、引导、修图这些基本技能，每一项都是他们用经验和金钱浇筑出来的，所以摄影师拍出来的图片并不是你随便拿着手机“咔嚓”几张就能得到的。

好的人设能够让你的虚拟形象更丰富。你可以结合你的调研成果和个人喜好来做人设，但需要谨记：人设不要多、不要杂。简单明确的人设能够对目标用户做到反复触及。比如你想打造一个心理咨询师的角色，你可以给自己的定位是“爱倾听”“脾气好”，但万万不可以是“爱看动漫”“神经大条”。人设太乱，定位会有一种割裂感，谁还敢信任你呢？

做好虚拟形象的打造后，你可以每天提醒自己“我就是这样的人”——这些就是你“美丽皮相”的一部分，由一些真实和一些不真实的内容构成，藏起劣势展示长处是人的本能。

另外，虽然真人形象和虚拟形象是两个不同的定义，但我建议打造形象的时候，两者必须有一定的关联和契合度，否则很容易造成“人设翻车”。

镜头形象的打造

当真实的你和虚拟的你都拥有了美丽的皮囊时，我们就该考虑如何呈现了。

镜头形象在这里代表的是“镜头感”。一个个人 IP，其实最终都难逃上镜的结局，所以学会面对镜头是你的一门必修课程。

如何打造好的镜头感？当初在做知识付费讲师前，我是没讲过课的。在向前辈请教的时候，前辈告诉了我一套练习讲课仪态的方法，如今我觉得这套方法也可以应用到打造镜头感上：画个淡妆，对着镜子，找到一个你自认为最好看的角度练习。说的什么不重要，但要保持美丽——腰背挺直，眼睛平视，面容和善，语气放缓。只要每天都花时间坚持这么做，你就会收到成效。

如何打造好的语感？语感，其实就是会说话，也会接话。这些都是高情商的表现。在日常生活中，你要尽量做到“说话过脑子”并减少网络用语在你日常生活中的输出。

一个人的言行举止能为外貌加分很多，这些都需要你花时间和精力去习惯，不算难，但需要足够的毅力。现在你知道，打造一个内外兼修的形象有多么不容易了吧？要知道，奥黛丽·赫本可是从 7 岁开始就被迫逛艺术馆、学习芭蕾以矫正身姿了呢。

我不贩卖容貌焦虑，但每个人都应该树立起形象意识，意识到“漂亮是真的有用”。我也不算什么大美女，只是比别人多研究了一些穿搭和美妆，在有紧急事情向别人求助时，我往往能够因为得体的形象更快地达成目的。

努力向上的魄力固然可贵，但也不要忘记为你的好皮囊投资一份美丽啊。

6.3 内容思维：塑造内容，给产品穿上钻石礼服

用走心的内容为产品赋能，

才能赢得用户的心。

内容，像是糖果外面的那层彩色糖果纸。用透明的普通塑料纸包的糖果和用华丽高调的金箔纸包的糖果被放在同一层货架上，而顾客第一眼看到的往往是折射着金光的那一颗。

这层糖果纸包装得越好看，被人看到的可能性就越高。

内容其实并不局限于一篇文章、一条视频、一句标语、一张海报，抽象一些来讲，我们塑造内容是为了通过给用户传达某种有价值的信息从而带来收益。

就比如我之前为品牌方写的很多新媒体的宣传推文，我在推文中向用户传达了产品特性、使用场景、对比竞品有何优势等有价值的信息，那么我就是为产品“穿上了钻石礼服”，做了这层包装、为产品赋能之后，内容就带动了销量，给品牌带来了收益。

在做内容做得很好的品牌中，我个人比较欣赏有“国货审美天花板”之称的品牌观夏。作为一个崛起不久的国产香薰香水品牌，它可谓把内容之美做到了极致，为品牌加上了他人望尘莫及的光环。

我第一次认识这个品牌，还是我朋友给我发来的一篇观夏的

新品推文。从标题、头图、内页GIF、文字到交互设计，无不凸显精致和格调、清冷又疏离的质感，还带着一股子文人墨客的文艺气息。那是一场震撼人心的、视觉和心灵的双重审美盛宴，“观夏”这个品牌当即就在我脑子里打下了“高级”“艺术”“中国文化”的标签，而那篇推文带的新品香水也在我的脑海里构建出一个完整的使用场景。

出于膜拜的心理，我去把观夏所有平台的内容都挖了一遍，然后我发现除了推文，观夏在视频号发布的短视频也别有韵味。它甚至不需要一个字，不需要一句话，就把一瓶香水的意境、香味及态度表达得淋漓尽致。

观夏抓住了产品的特性和用户需求。香水或香薰单纯用“清雅、高冷”的文字很难让用户感同身受，但如果是从视觉和意境上构造，用户能更直观地感受到品牌的魅力。除此之外，观夏还为品牌增添了一定的温度与情怀，比如一瓶以茶为主题的香水，它会从中国茶文化、制茶工艺开始讲，深入“同样的茶用不同的器皿，泡出来的茶汤也不同”的价值观输出，让人觉得我买的不单单是一瓶香水，还是一份情怀。

这就是内容思维的重要性，道理就和“你穿得好看时会吸引更多人的目光”一样。其实不单单是品牌，个人IP的打造也是需要内容思维来加持的。

在时尚界有一位“超级买手”黎贝卡，不知道你有没有听说过这个名字？作为一个超级成功的IP，她创办的近千万粉丝追捧的时尚矩阵“黎贝卡的异想世界”颠覆了多种商业模式，凭借着庞大的粉丝量，黎贝卡甚至尝试过4分钟卖出100台小汽车。

从一个素人到时尚博主，黎贝卡深谙“穿得好看”的重要性——不管是美丽皮囊的修炼，还是通过内容对自己的包装。一个个人 IP，她自己就是她的产品，而她塑造和输出的个人标签、价值观、视频图文都是为了包装这份产品应运而生的。

打开她的短视频平台，满满当当的内容都是她热爱生活的证明，除了做一些好物推荐、穿搭教学，黎贝卡还写了不少书，最近她还解锁了制片人的新身份，拍了一部综艺《一百个中国女孩的家》。她向她的观众输出了很多正能量的价值观，当有人在她的推荐下买了某件衣服、某本书时，那么她的内容输出就完成了其目标使命——为产品赋能。

黎贝卡把这些内容都包装在自己的身上，像给一颗糖果包裹上了一层又一层的金箔纸。

那么我们如何为自己的产品赋能，打出一张漂亮的“内容牌”呢？这里我将在视频号内容构建的基础上，以销售人员的个人 IP 打造为例提出我的“三原则方法论”。

原则一：讲故事 + 说产品。我们需要先搞清楚一件事情，那就是无论品牌还是个人，其实都是有产品为依托的。比如观夏是品牌，有实体货，它的产品是香水；黎贝卡是个人博主，没有实体货，她的产品是她自己。

这个原则要求内容要做到“干湿结合”，“讲故事”的作用在于向外界塑造温度与情怀，“说产品”则是让产品变现的必要条件。

一般来说，个人 IP 打造输出的第一条视频内容是个人标签和风格的发展奠定，也是我们所说的“个人宣传片”。在这条内容里，讲故事大于说产品，比如你为什么选择做这件事，你为了做这件事付出了多少努力，你想要做成什么样的目标，等等，然后再介绍一下你自己。当你的个人风格和定位确定之后，后期输出的内容就可以是说产品大于讲故事了。

原则二：连通消费者，打造情绪和氛围感。产品本身只能满足消费者的一次需求，如果想要做长久的交易，就必须善用内容打造“感情牌”来连通你的消费者。

你卖一罐巧克力，就不能一直反复向消费者强调“这是一罐巧克力”，而是用“场景铺垫 + 产品特写 + 塑造的氛围感 + 镜头语言”等一系列围绕“巧克力”相关的东西，在消费者脑海中留下深刻的印象。

它看似简单，但需要你对你的目标用户群及产品本身有深刻的认知，还需要参考许多案例来做出一个适合自己的创意方案，同时还需要有足够的功底把这些内容上升到消费者情感的层面上。每一个行业类似的产品是有很多的，就好比同样是新兴的国产香水品牌，为什么那么多人会选择观夏，而不是选择价格比它低，规模也比它大的其他品牌？因为观夏的香水，售卖的一半是产品，还有一半是氛围感和情怀。观夏在线下开了“观夏庭院”做展览，其输出的海报都有一种国风清冷感和人文故事感，每一瓶香水的概念都会从 0 到 1 以长故事的形式呈现，这些让消费者和观夏产生了共同层面的情感共鸣——它是高级审美的艺术感，是被传承的中国文化，而不仅仅是一瓶香水。

原则三：塑造内容。有个许多人都知道但很难坚持的核心要素，就是需要做持续产出。只有把用户习惯培养起来，才能将水滴积聚成海洋。

我之前说过，先追求完成，再追求完美。在你“完成”的过程中，你的用户会渐渐对你产生习惯和依赖。就好比我经常关注的一家淘宝店，每一天它都会在下午两点雷打不动准时上新。有时我下午闲来没事就会习惯性地去转转，也许不是每次都会买，但十次之中我总会有那么一两次忍不住下单。

同样的道理，坚持在同样的时间点持续产出，就能培养用户习惯，最大限度地把你的粉丝流量引进来。

就好像小时候给课本封面贴漂亮贴纸，长大了懂得根据自己意愿和他人推荐挑漂亮衣服一样，内容思维人人都要有，内容塑造人人都要做。

6.4 流量思维：一颗星不足以照亮舞池

流量，决定生意规模大小。

当做好了形象和内容的包装后，我们就该考虑如何把你精心打造的东西推出去让别人看到。酒香也怕巷子深，所以我们要懂得“赚钱要吆喝”的道理，在互联网时代好好运用流量带来的优势。

世界互联网之父凯文·凯利说过一句话：“目光聚集之处，金钱必将追随。”

一个十万粉丝的账号和一个百万粉丝的账号同时开直播卖衣服，获得的收益是截然不同的。在同样的一个小时内，前者可能只能卖一千单，但后者基本上都是以万为计数单位起步的。线下实体店卖衣服和一个十万粉丝的账号在线上卖衣服获得的收益也是截然不同的，实体店可能需要一两天才能卖掉这一千件衣服。

你有认真想过为什么吗？我们都说互联网开店让线下实体店无路可走了，这种现象的本质原因其实就是流量的不同。实体店的流量叫作人流量，线上的流量叫作客流量。在网上逛街，你可能拿起手机，连接网络，点进直播间就可以把所有商品宝贝看一遍，但如果想去线下商场逛街，你还要换衣服，搭乘地铁，然后再去逛一间间店铺……在这些“麻烦”的动作中，成本无疑变大了，所以流量自然也就少了。

现在不止线上和线下互相抢市场，互联网的“内卷”更是变本加厉。我看到你的店铺推出新品 8 折的活动，那我就做新品 5 折；你和小博主联合做推广，那我就直接找平台做宣传；你给粉丝抽 20 的大额券，那我就抽免费送的名额，诸如此类。

以上种种都涉及一个变现法宝——流量思维。

流量思维可以这么理解：在互联网中，所有的客户都是一个数字，即一个流量，我们要做的就是流量买卖的生意。所以流量思维要求我们去到流量高的地方，通过推广宣传，在不同的渠道获得更多的用户从而产生交易，更聪明一些的商家还会把流量引入私域沉淀，从而产生复购。

正如贝索斯所言：“在现实世界中，如果你惹顾客不高兴，每个顾客都会告诉 6 位朋友；但在互联网上，如果你惹顾客不高兴，每个顾客都会告诉 6000 个人。”

拥有流量思维的人往往能更敏锐地捕捉到红利风口，从而实现弯道超车。

当初宣布破产的瑞幸咖啡，突然在 2021 年起死回生。报告显示，2021 年瑞幸咖啡全年总收入达到了 79.6 亿元，首次实现了运营利润的转正。而让瑞幸咖啡实现这个逆风大翻盘的秘诀，其实就来自 180 万的私域用户。这些活跃的用户每天贡献直接单量 3.5 万多杯，成交单量甚至一度要超过入驻中国 20 多年的大哥——星巴克。

如今的趋势是大到品牌集团、小到地摊小贩都在做私域。但私域怎么就有这么大的能耐让一个宣告破产的品牌起死回生、重回 C 位（中心位）呢？

仔细分析一下，其实瑞幸用了线上+线下的“洗脑式”营销扳回了一局，通过重金聘请有话题的代言人吸引粉丝线下打卡、宣传要超过星巴克等做法引发热度，公众号、小程序、微博等平台轮流用广告轰炸，新人用户首单免费喝……你看，瑞幸看似漫不经心的每一步，其实都精准踩到了流量峰值上，这一套组合拳更是直接攻破了流量池，达到了破圈的效果。但有流量进入只是第一步，瑞幸聪明就聪明在它启动私域把这些用户留住了。

就像捕鱼一样，有鱼游进网中只是第一步，想要抓住鱼，你还需要有收网的动作。瑞幸把用户引到企业微信中进行留存并激励他们复购，每天提供不同的优惠福利和免单活动，极大提高了用户活跃度和复购率。

瑞幸这一场漂亮的翻身仗正是巧用了流量思维，曝光、拉新、促活、变现环环紧扣，我们其实也可以以其作为案例，研究出一些技巧来运用到自己身上。

拉新：如何获取新客，让更多人看到你？

拉新有三个小诀窍：找到精准流量，合理利用平台，策划创意营销。

找到精准流量：就好像你在高中门口发兰博基尼的宣传单一样，哪怕你是一张减 50 的券，也远不如门口小卖部满 10 减 2 的活动来得吸引人，因为高中生根本就不是兰博基尼的目标用户。如果你是卖化妆品的，想在私域沉淀目标用户，那你就拿着你的定位标签如“20 ~ 30 岁都市女性”去找这类目标用户，“看人下菜碟”，告诉她们这里有大便宜可以捡。

合理利用平台：每个平台都有自己的属性。比如小红书是女性群体居多、分享日常生活、以图文为主的平台；抖音更偏向时尚潮流文化，是满足人们探索欲和娱乐需求的短视频平台；微信视频号是一个开放的全民化平台，能以优质内容突破社交圈层；等等。当你在上一步把精准流量引入私域后，那么我们就要基于不同平台来研究玩儿法了，比如使用群抽奖、数据分析工具等这些你需要熟知的功能。

策划创意营销：微信平台的最大优势是其强社交属性，是我们用来做私域的最好选择。你可以从一些营销活动案例中提炼出适合自己的，甚至还可以像瑞幸一样直接发券引流。在关键时候要懂得适当让利，你可以为自己设置一个亏损金额区间，如果在前期的每一次活动中你都在纠结"是否能够盈利"，那么你也很难把你的知名度打起来。

促活：流量不是无尽的，如何让用户活跃起来？

活跃度其实就等于变现度。在私域中，只有让新老用户活跃起来，销量才能够提高，你也才能获得更多动力和信心。像前面瑞幸咖啡的促活方式就有两种，第一种是每周或每月都有新券供用户领取，第二种是优惠券过期提醒功能。

促活其实是有一个整体的方法论框架的，但至于具体到什么类型的活动，这就是你要往框架里填充和完善的落地操作了。

这个方法论框架，包括私聊、引导和激励。面对潜水用户或老用户，可以先采用一对一私聊 + 物质激励模式来激活。如果对方爱答不理怎么办？没关系，那说明对方多半不是你的目标用户，可以选择性地放弃维护了。引导和激励需要物质奖励作为基础，比如免单活动或者像瑞幸的优惠券攻势。

促活需要经常去做，你只有经常抛些鱼饵喂给鱼塘里的鱼，它们才会心甘情愿地在你的鱼塘里待着。

但流量思维并不是一张单打的牌，它还需要和用户思维放在一起，才能打出强有力的组合拳。流量思维只是负责开了个头，唯有用好的口碑作为收尾，你辛辛苦苦吸纳来的流量才不会被白白浪费掉。那好的口碑怎么来呢？这就需要你揣摩用户的想法，对症下药了。关于用户思维的这部分内容，我会放到下一节进行详细讲解。

6.5 用户思维：把麦克风给他，听听他说什么

你要关心的是“他要什么”，

而不是“你卖什么”。

用户思维基本上是每个行业都会提到的一种思维，毫不夸张地说，它能够让人受用一生。具备用户思维的人，在生活中往往更受欢迎一些，他们身上一般会贴着“高情商”“会说话”的标签，因为他们清楚对方需要什么。

通俗一些来讲，用户思维就是“站在对方的角度上思考他的动机和目标，然后来达成自我目的”的一种思考模式。

宜家作为一个家具和家居用品的零售商，其推出的全屋家装定制服务就是用户思维下的产物。这项服务大大减少了用户家具如何组装、风格如何搭配、摆设空间是否足够等一系列思考成本，把家装工作直接缩减成“交钱—确认方案—验收结果”这一系列简单快速的动作。再者如奶茶店防滑杯托的诞生、一些品牌开设的线下展览等都可以视作在用户思维模式下思考诞生的结果。

用户思维的重要性在销售这个行业体现得尤其明显，一些能够做到“销冠”的销售员必然是能够把用户思维运用得炉火纯青的。他们并没有把用户当作“赚钱工具”，而更像是把他们当作朋友：你

来我这里逛逛，就算少买或者不买东西也没关系，只要你逛得开心。在这种情况下用户没有消费压力，他觉得氛围是十分舒适的，是“享受消费”而不是“被迫消费”，那么下次他就会优先选择到这里来。

有一个反面例子，就是之前一直被人所诟病的屈臣氏导购员，网络上普遍有人反馈说“体验感极差”。因为一些屈臣氏导购员总是寸步不离地跟在用户身后，当用户在某个产品柜前停留多一会儿时，导购员就会不停地为用户讲解并推销这款产品。也许在导购员自己眼中，这种行为是“热情”和“贴心”，但在消费者眼中，这却是一种无形的压力。内向心软一些的顾客会想，我本来只是想自己逛一逛看一下而已，现在不买是不是不太好啊？本来也许有购买需求的顾客，因为导购员的寸步不离，也觉得压力巨大：都要贴到我身上来了，可我又没打算偷东西！

不仅线下销售需要学会用用户思维思考问题，线上销售也是如此。

我们在网上买东西时，有时拆包裹会拆出来小赠品，这些就是店家考虑到了用户的立场所做的动作。普遍做法基本都是发一些不值钱的小发圈，劣质的钥匙扣，但更聪明一些的店家，会懂得如何优化这些普通店家的方案。

某次我网购一条小裙子，店家赠送了一个小号的抓夹，当时我并没有重视它，随手就把它放在梳妆台上。由于小裙子的质量和版型都很不错，深得我心，于是我推荐给了我的小姐妹购买，她买了一条黄色的，我买的是紫色的，心想着凑一起穿姐妹装也不错呀。当然，店家也给我的小姐妹赠送了一个小抓夹，但我眼尖地发现，她的抓夹颜色和裙子的颜色竟然是配套的！我当即去梳妆台把我的赠品抓夹翻了出来，发现这确实不是巧合——我购买的是紫色裙子，店家赠送的是紫色的抓夹；小姐妹购买的是黄色裙子，店家赠送的是黄色抓夹。

店家这一通操作，大大赢得了我的好感，他的赠品不单单是“我有东西送你就行了，别那么多要求”，而是进一步为顾客考虑到了裙子和头饰的颜色搭配。我当时就慷慨激昂地写下一段一百多字的好评，店家“老泪纵横”地给我返了一张 10 元的优惠券，于是我跟店家说，你放心吧，我下次还来。

“什么颜色的商品配什么颜色的赠品”这个操作并不难，只要在发货时多花费一点儿时间就行，但这个看似细微的动作，却能让店家积累下好口碑和回头客。

流量思维负责把陌生人引进门，用户思维则建立起了你与陌生人之间的深度联系，从而让对方心甘情愿地留在屋子里，只有这样做，才能让后续的变现更加简单有效。

重视用户的需求

用户思维的核心就是以用户为导向，立志帮用户解决问题，从而减少用户的思考成本。

重视用户的利益需求：指的是折扣、性价比、优惠、赠品等与利益相关的需求。每个人都更愿意以更优惠的价格买下最心仪的东西，哪怕亿万富翁也是如此。

你只需要向用户传达这个信息即可，而不要先想着如何把东西卖掉。比如，你可以站在用户的立场上向他介绍“我们这个柜台的东西全部打 8 折，并且额外赠送一顶帽子”，告诉他这里有便宜可以捡，而不是直接向对方传达“现在买很划算，打 8 折还送东西”这种强调购买动作的信息。

重视用户的情感需求：这里的需求是指价值观、感受、信任度等和内心情感相关的需求。关注情感需求能极大地提升用户对品牌的认同感，温度和感情牌最能捕获一个人的心。

这需要尊重用户的行为习惯，关注用户的心理需求，说白了就是要学会察言观色。比如肯定客户眼光，塑造对方的价值；当碰到不愿意交谈的客户时，可以端一杯水以表示“我不会打扰你但随时可以为你服务”等。总之，需要你拿出对待好朋友的那份真诚，来对待客户。我身边有个做国学教育的朋友家华，他就深谙此道，每次帮企业家答疑解惑的时候，总是会注意到对方的表情，如果表情凝重，他就换一个话题或是语言风格来表述他的观点，希望对方能听得舒服，所以得到客户的连连好评，甚至给他介绍很多优质的客户。

前段时间被不少网友狠骂的“10 元吃遍海底捞”的明显薅羊毛的行为，几乎全网都在声讨贪小便宜、蹭话题度的这些人，但海底捞的员工却依旧热情满满地把水果端上桌，甚至亲自帮他们去调蘸料。不管这类顾客是为了做一篇有热度的帖子，还是真的囊中羞涩，海底捞都秉持着“充分尊重每一位客人”的本心，赢得了群众的好感。

重视公众的反应

公众的反应像一面镜子，所有的夸赞和所有的批评都不是无缘无故出现的。你要及时从外界获得反馈，并收集资料做好分析，最终从分析结果上去更新用户需求。

就好像一款游戏，当许多人都责骂游戏出现 bug（故障）时，你要做的是修复 bug，而不是指责公众“怎么优点看不到就只知道指责”？无论舆论好坏，都需要予以重视。

建立以用户为中心的用户观，提防以自我为中心的自嗨式想法。这个道理其实很多人都懂，但难免有人会陷入惯性思考的怪圈，当你脑海里出现“我觉得”这三个字的时候，就需要拉响警铃。

谨记，在生意场上，任何时候你的麦克风都要交给用户发声。

我给自己的珠宝品牌设计商城小程序时，其实融进了很多小心思。

1. 第一屏内容里，我把主推款的海报和优惠券都放在了最突出的位置上。在用户思维中，能吸引用户购买的要么是“便宜”，要么是“性价比高”，要么是“好看”，这三个要素在用户打开小程序第一眼看到时就能够统统达成。

2. 店铺的产品，我已经按照耳环、戒指、手链等品类做好了分类，并且做了一键跳转的按钮。有些用户也许没有耳洞，那么耳环对她来说就是无效的干扰信息，而我为她做好了分类后，能够直接屏蔽掉没有价值的信息。

3. 商品的购买按钮，我特意设计在右下角。因为我们大多数人都是右撇子，在右手是惯用手的情况下，位于右下角的按钮更容易被触碰到，所以就更容易引导“成交”的动作。

4. 店铺主色调我采用了低饱和度的色系，为用户营造舒适的视觉体验。大红大紫的色调其实并不能激发用户的购买欲望，太亮眼的色调反而更容易适得其反。

5. 店铺主页还有一个随机“逛一逛”按钮，因为有些人进入店铺也许并没有目的性，他只是想随便转转，这个按钮能够为他自动推送优惠款或者爆款，从而减少用户的思考成本。

很多朋友进入我的小商店时都会夸赞，说很好看、很方便。其实就是因为，我早就站在消费者的角度，把所有可能遇到的问题都过了一遍。这个过程花费了足足一个月，经历了无数次推翻和调整，但幸好，在用户体验这件事情上，我们在能力范围内做到了最佳。

懂得为别人考虑，为他人提供解决方案，是高格局的人一生都需要修炼的学问。

6.6 裂变思维：一颗星带动另一颗星，星星之火可燎原

降本增效的关键是用好裂变思维实现低成本拉新。

什么是“裂变”呢？有些新媒体小白可能会对这个晦涩难懂的词语产生一些疑问。

所谓裂变，就是用户像细胞分裂一样，由一个“分裂”成多个，即持续性、低成本地带来新用户。当已经沉淀下来一些老用户的时候，再以同样的方式去获取新用户的成本过高，于是由老用户带来新用户的“裂变思维”便应运而生。

除了能低成本获取大量新用户，裂变最大的威力在于，它更像是一条连绵不绝、永远不会枯竭的河流：老用户带来新用户，而这批新用户又可以带来更多的新用户。

2022 年 9 月，一款叫《羊了个羊》的小程序游戏力压各大娱乐花边新闻，一跃冲上了“热搜榜”第一。这是一款反其道而行之的小游戏：作为一款游戏，它甚至可以说毫无游戏体验感，一共就两个关卡，难度却天差地别，玩到疯魔的网友都笑称“第一关幼儿园水平，第二关直接考研”。看似简单的消消乐游戏，百来个人中却可能只有一个人通关，只有这 1% 的人才有资格进入全省排行榜参与排名。

越玩到后面就越是步步为营，而想要获得一个后退道具，那你就得把这个游戏小程序分享给你的微信好友。我想，敏锐的你可能已经察觉到了——没错，这就是裂变玩法的一种。

这个小游戏仅仅上线三天，就实现了平均日活 600 万。数据显示，其 95% 的新用户都是来自搜索或外部分享。“我过了，你行吗”——这是攀比心态，激发用户的成就感，引发分享；“好难啊，你也来试试吧”——这是基于对新鲜事物的社交需求，激发用户的探索欲望，引发分享；“你玩不玩跟我没关系，但我现在要你点一下链接，我需要拿个道具”——这是已经玩儿“上头”的用户“六亲不认”的心态。但无论是其中哪一种心态，《羊了个羊》小游戏都达到了社交裂变的最终目的。

据传，这一款小游戏上线一个多星期，通过打造话题和社交裂变，竟让创始人实现了日入百万的赚钱目标。这就是裂变思维的力量，运用好这种低成本的获客方式，你也有机会做到用低成本实现爆发式涨粉的目标。

裂变思维第一步，锁定老客

想要筑起高楼，那就必须先打好地基。想要让老客为你带来新客，那我们就必须先让老客心甘情愿地留在房子里。

锁定老客有五招“惯用手法”：差异化、新鲜感、会员制、参与感、激励法。这五招是一位行业资深运营高手——伟鹏总分享给我的，是很实用的方法论。

差异化：做到跟别人不同，别人没有的，我给你。这个差异化可以是任何东西，比如小程序的使用比别人快捷方便一些，或者券额度比别人的大一些等，可以找对标竞品来做研究和突破。

新鲜感：花样越多，活跃度越高。活动和玩儿法要懂得推陈出新，或者周期性循环，用新鲜度把老客留住。

会员制：为用户带来稀缺的荣誉感是留人的妙招。会员等级更高的用户，还可以获得相应等级的会员礼、节日贺卡等，以此加强你与用户之间的关联。

参与感：要让用户觉得自己有存在的价值。比如一些活动的反馈意见采集，或者制造互动话题，让用户可以参与其中。

激励法：物质激励是最直接、最奏效的锁客办法。实物、礼券、买赠活动等都可以让用户直观感受到“捡到大便宜”，可以作为锁客的手段。

裂变思维第二步，让老客带动新客

站在老客的位置上，你选择把一样东西推荐给新朋友，会是什么原因？口碑不错，价格便宜，质量可以。

站在新客的位置上，你愿意接受别人的推荐，选择了解这样东西，会是什么原因呢？对朋友的信任及了解这件东西消耗的成本较低。

“老带新”之所以被许多做私域的人奉为上策，是因为它的开发成本较低，效率高，建立信任关系更快，还节省了很多沟通成本。

那么，想要让老客带动新客，就要做到两点：第一，产品本身至少有一个点可以打造长期口碑；第二，降低决策成本，让所有步骤都在三步内完成。

好的产品是基础，这自然不用多说，而好的口碑往往会带来连锁反应和利润的成倍增加。

至于降低决策成本，则是为了保证新用户不会被烦琐的操作吓跑。就拿前面提到的《羊了个羊》为例，小美转发链接给好友小明，想要获得一个游戏道具，于是小明点开链接，却要先看一段广告，然后填一页个人信息，再花费 10 秒接收一个验证码……如果是你，你会选择帮小美这个忙吗？步骤越多，决策成本越高，新客流失率就越高。

打了广告没人看，做了话题没互动，如今互联网用户增量时代已经进入尾声，在获客成本越来越高的现状下，运用裂变思维来挖掘新客的模式已经逐渐成为主流。

裂变思维其实就是驱使一颗星去捕捉另一颗星，由点到线，再由线到面，如此才能构筑起更庞大的客户池。

6.7 服务思维：挖掘客户心中的“白月光”

未来拉开各品牌之间用户黏性差距的，

其实是对用户服务水平的高与低。

几年前，从一位千万家产的朋友那里，我第一次听到了“提车派对”这个词。也许是仍存在圈子的断层，我对“全款提豪车即送奢华派对”几乎是没有什么概念的，毕竟七八百万元买一辆豪车，我实在是还不够走到那个地步。

朋友给我看了主办方为他们拍摄的堪比大片的派对 vlog，那是一个草坪派对，拉着十分具有小资情调的帆布帐篷和投影幕布，在场的几乎所有人都是盛装出席。我朋友是压轴出场的，在两队戴着墨镜、穿着黑西装的保镖身后，他穿着他的夏威夷衬衫隆重登场了。这里的场景给了一个十分拉风的运镜，我朋友当即按了暂停，不住地问我：怎么样，帅不帅？

不得不说，他在最后掀开盖着库里南的那块红布时，动作确实很帅。这一场提车派对，把仪式感拉满了不说，车行连赠送的礼物都是五位数起步的——奢侈品包包、手表、名酒……最后，我那位花了 700 多万元买车的朋友，晃着车行送他的那块名牌手表说道，这车买得太值了。

什么叫服务思维的典范？“提车派对”算一个。通过提供超值体验来让服务溢价，当某一刻消费者的满意度超出了产品原本的价值时，你做的就不仅仅是产品的买卖了。

好的服务能够让品牌出圈，并且让品牌在拥有溢价权利的同时，还能拥有持续性的好口碑。

我们无论是在单单做销售这个岗位时，还是在打造个人 IP 的过程中，服务思维都应当是“初心”一般的存在。它决定了一个人、一个品牌、一家企业的格局，决定了你能走多远的路，能赚多少钱。

对个人销售来说，服务思维首先意味着要学会肯定客户价值。客户拿起一款当季新品，你可以肯定他眼光独到；客户带着孩子或父母前来，你可以夸赞他家庭和睦。总之，每位客户身上总是会有一些点，让你能够挖出来并放大的，哪怕是一位闹事的客人，你甚至都可以肯定他——“要是能跟你做朋友，我以前可能会少吃些亏！”

某位销售每年都会自掏腰包准备礼物，凡是在他这里下过大订单的客户，每一年过年，都能收到他亲自包装和赠送的酒或名贵茶叶。他还会附赠一张手写卡片，写上“感谢您今年的支持”，哪怕这位客户今年并没有下过订单。在这位销售看来，客户在他那里购买东西，是提供了一种价值，所以他也必须向客户提供一定的价值，让客户下次有合作机会都会优先考虑他。

在服务精神的维度里，理性和逻辑只是基石，感性和链接才是艺术。换句话说，好的服务会打造好的口碑，而好的口碑能够带来更多的成交。

其次需要意识到，服务也是一种可以盈利的方式，这是一个十分重要的认知。

我们可以从个人销售的角度来看这个问题。A 根据个人需求，在店里花 299 元购买了一罐维生素，除了获得维生素这个通过交易获得的产品，A 还添加了店铺营养师的企业微信，获得了一份贴心的养生指南。在之后的整个调养周期中，营养师每隔几天就会咨询 A 的身体近况，然后给出专业的建议，最重要的是，他从不会推荐 A 再另外支出金钱买店里的其他产品。

A 花费 299 元购买的，除了产品本身，还有“专属”营养师的服务。当在客户的概念里，这份附赠服务所包含的价值足够大时，他就会心甘情愿地为这个“略高于市场平均价”的产品买单，这就是服务溢价。

我们可以把打造 IP 看作修一栋房子。服务思维是一切思维的基础，是地基；形象意识和内容思维是房子的外墙和硬装；流量思维和用户思维是房子的家具，是装饰，是能吸引朋友“进来坐坐”的一切；裂变思维则是来做客的朋友觉得装修很好，想要拍照分享给别人瞧瞧。

在互联网这条路修得越来越漂亮的同时，路两旁的“房子”也建得越来越多。每位“屋主”都想挤破头获得最佳地段来分得最大红利，所以竞争越来越激烈，分层也越来越明显。

但总有一些建在郊区的漂亮别墅，会获得路人的驻足。我们作为没有吃到第一波互联网红利和 IP 红利的人，想要破圈，就只能想办法打造一栋有自己风格的“房子”来博得关注，因为只有先被看到，才能让销量倍增成为可能。

第7章

如何创作你的销售内容，打造视频号名片

让你脱颖而出的内容，

/

往往容易被你忽略

7.1 先找到你的对标榜样

合适的对标榜样，

是你前行路上的那一盏明亮的指路灯。

“作为一个从 0 开始的小萌新，找好对标账号，是最容易摸清方向的办法之一。”一个在两年内把首饰品牌干到上亿体量的操盘手——图灵，不止一次跟我分享过这个方法，可以降低摸索的成本。

有些路前人帮你踩过了，你要做的，就是在他们的基础上知道“什么是好的”“哪个方向是对的”，不停地学习，然后从中找到最适合自己走的那条路。

2017 年在杭州崛起的花西子彩妆品牌，就是踩在巨人的肩膀上走向了世界的集大成者。在此之前，其实已经有不少国货品牌瞄准了中国风的新锐市场，比如百雀羚的三生花系列、故宫推出的国风彩妆等，在中国文化自信如此高涨的时刻，这些理念确实能够抓住中国人的心，但远远不能掀起一场现象级的革命。

在这些前辈的基础上，花西子开始了品牌的“内卷之路”。在“卷审美”上，花西子推出祥瑞浮雕元素的陶瓷口红，甚至把品牌颜色换成了典雅高贵的青黛色；在“卷研发”上，花西子以一百多项研发专利，稳居国货彩妆榜第一。

除此之外，花西子还打造了自己的推广宣传道路，提出了

“以花养人、妆养合一”的品牌理念，并且邀请歌手周深为品牌献唱同名单曲《花西子》，同时找各大 KOL 线上线下做推广合作，多管齐下，最终成功破圈，成为炙手可热的“国货之光”。

大品牌尚且这么拼命，个人更要如此。

我的一个做博主的朋友 CC，也是从当初的手足无措，变成现在独具个人风格的穿搭博主的。三个多月前，她还是个摸不清自己到底属于“沙漏型身材”还是“梨形身材”的小菜鸟，砸钱买了一批又一批衣服。

我们都告诉 CC，做一个账号，做一个个人 IP，都要从找到你的对标开始。我和其他一些做新媒体的朋友建议她先找到三个层级的对标账号：跟自己差不多的，比自己强一些的及行业顶尖的。那段时间 CC 不买衣服了，天天钻研这些对标账号，做了一张长长的表格。她根据自己的特点找出了适合自己的风格，同时归纳了一些百搭的衣物款式，不再一通瞎买浪费钱了。

经过半个多月的高强度学习，CC 对“穿搭博主”这一行的了解也渐渐深入。原本重点对标的那个账号风格节奏缓慢，CC 觉得趣味性不够强，于是她把自己的视频优化成了踩点、轻松、轻教学的风格，优化后的视频播放量有明显升高，于是她继续在这种风格上进行迭代优化……终于，在第一支推广合作找上门的时候，CC 可以很自信地跟我们炫耀说，自己是个真正的“穿搭博主”了。

我们找对标榜样，主要有三个目的：一是能够拥有明确的目标感，找到差距，明白自己还需要多努力才能赶上别人的脚步；二是可以在研究的过程中分析对方的优劣，并且能够在对方的用户画像上找到自己的目标人群；三是能够在研究过程中发现对方的优劣，等到自己实践时，可以取其精华、去其糟粕。

作为资源并不雄厚的新人，想要凭借自己的力量修建一条路，实在是难于登天。利用市场上的已有资源为自己添一把柴火，是一个省时省力的好方法。

那么，应该怎么找合适的对标榜样呢？这里我总结了几点小技巧，分享给你。

第一，数量上要合适，太贪心和太偷懒都是不行的。我建议是10 ~ 15个对标账号为宜，数量太少无法形成大数据分析，数量太多则干扰项太多，不利于后期的分析和规划。

第二，在搜索的过程中学会优化你的关键词，信息越精练越有效。根据搜索引擎的算法，我们尽量以简短名词优先，然后才是关于定位的词，比如“彩妆”“国货”“中国风”等，而一些后置词、点缀词只会缩小搜索范围，错误的搜索如“正在做彩妆的国货品牌”。切记，用“词”而不用“句”。想象你正在用十个字讲完一个故事，你要如何提炼这个故事的精华所在呢？

第三，学会使用辅助的新媒体工具。如今单单针对视频号推出的数据分析工具较少，并且体验感不算强，所以我们也可以结合其他平台的分析工具来寻找对标。我会优先使用飞瓜数据。进入“飞瓜抖音版”，点击博主查找博主排行榜，就可以根据你的行业标签来搜索合适的对标。一些常用的对标账号分析工具如下。

新视数据：这是微信视频号的专属工具中，我用过且体验感还不错的数据分析工具，我建议你优先使用它。它有账号大盘，还能检索到近期涨粉迅速的账号，对新人很友好。它的功能较多，很全面，直播和短视频都能被同步检测到，通过关键词搜索出来的内容也会比较多。

抖查查：主要面对抖音平台，但对达人的数据分析中，有许多数据是可以拿到视频号中做参考的。抖查查对各方面的数据监测与分析都十分专业，画面中的数据、图表十分清晰，用户可以从中总结出热门视频的内容规律，对选题也有一定帮助。

千瓜数据：千瓜数据具有提供内容定位、粉丝画像数据的功能，尤其是大盘数据总结做得很好，能够进行横向对比，更加适合复盘。

第四，推荐流寻找法。用你的私人账号刷同类型的视频，每天坚持刷 200+ 个，有空就刷，当系统给你打上的标签成形后，便会根据算法自动推一些类似的视频或博主给你。这样一来，你就节省了主动寻找对标账号的时间成本，并且由系统推送给你的内容，一般会更加优质。

在找对标账号的过程中，特别需要规避一个认知雷区，就是“对标账号越厉害越好”。你和对标账号之间的粉丝量与关注度不要差异过大，否则根本没有参考性可言，一个百来个粉丝的账号对标百万粉丝大 V，就好像你在学习如何从 0 变成百万首富。

从粉丝量上来看，你可以挑选有些差距但你努努力能够追得上的账号进行参考，对这种品质的账号，你就可以对标它的选题、运营、拍摄手法等细节操作；从内容上来看，对标账号发布过的作品中至少有一条爆品内容的为宜，你可以重点研究和分析这条爆品为什么能成功。除此之外，你还需要衡量，对方的拍摄手法或剪辑技术你能否做得到，如果对方是“技术流”，而你只能拍一些简单的日常 vlog 的话，那么这个对标参考就是没有意义的。

当然你也可以收集一两个“终极目标”激励自己前进，但它只能作为目标，而不能作为实践操作的参考。

找到合适的对标榜样，就好像人生路上遇到了为你点灯的恩师。

7.2 模仿与借鉴是开门的钥匙

刚出生的雏鸟，

是模仿成年鸟类的动作才学会飞行的。

我在刚开始做视频号的时候，效果其实并不是很理想。

早期的我一心想着要“自立门户”，从选题到脚本，从拍摄到剪辑，都根据自己的思维模式和认知来做。耗时一周辛辛苦苦产出的自认为无比精美的视频，最后却发现其播放量惨淡极了，甚至还不如别人随便拍拍的热度高。这个“一切努力付诸东流”的阶段，我苦苦撑了一个多月，直到在某次饭局上，一个同样做视频号生意的前辈——成龙跟我说了一句话：

“刚出生的雏鸟，是模仿成年鸟类的动作才学会飞行的。”

他告诉我，所有能够爆火的内容都是有一套隐藏逻辑的，并不是你想怎么来就怎么来。在没有知名度的时候自创内容，基本上都会难逃竹篮打水一场空的结局。所以，在摸索的初期，模仿与借鉴是最好的破局方式。

当时的我是有些不服气的，我说，互联网的出现，不就是为了让每个人都有表现自己的机会吗？那位前辈回答说，想要让你的账号商业化，就做别人喜欢看的东西，而不是做自己喜欢看的东西。

这句话对我的震慑力是巨大的。在接受这个事实之后，我开始找对标账号和内容来做参考，我先是看了许多大博主像黎贝卡、深夜徐老师拍的视频作品，然后模仿她们的拍摄风格和选题内容，连视频封面都没有放过。果不其然，我在这个阶段的内容作品，已经开始突破原本的流量池瓶颈，虽说还达不到理想状态，但也给了我莫大的激励。

在一次次参考内容的试错与迭代后，我根据现在已有的资源水平，终于磨出了适合自己现阶段风格的内容作品。如果不做这件事，我可能还要多摔无数个跟头。

我们需要搞清楚一件事："模仿"并不代表"抄袭"。其实你在网上经常也会发现，有些作品的框架似乎是有模板的，每个博主创作的内容都往这个模板上套，很容易令观众产生视觉疲劳，于是就会对应地看到很多负面评论：

"也不红，倒是爱蹭热度。"

"这种创意不是 ×× 的吗？你怎么抄人家的？"

"看了很多，大家都这么拍，真没劲。"

……

摆正自己的心态，就算框架相似，每个人拍出来的作品也是不一样的，摸索道路、借鉴和模仿是每个成功的账号必然要经历的过程。

根据上一节的内容找到你的对标榜样后，就可以着手模仿了。我们模仿对标账号时，主要模仿四个点：选题、画面、文案、结构。

选题：模仿对方的选题，主要是为了节省你在起步初期做数据评估的精力，以及更好地总结选题类型。一般来说，一些大博主做某一期的选题内容，必定是经过了热点测试、主题筛选等步骤才确定下来的。你可以制作一个表格，把对标博主的一些热门选题、标题等都记录下来，并提取关键词记录在备注里，然后尝试从中提取你自己的选题。

画面：这里主要细分为三个小点即场景、角度、体态。场景很好理解，比如对方是在哪里拍这个视频的？同样是拍摄衣服，在厂房里拍摄显得更真实，在服装店里拍摄就显得更高级。角度则是指机位角度，比如一位知识讲师，面对面拍摄时观众会更有代入感，第三者角度拍摄时观众会觉得这位讲师十分专业。最后是体态，人物是坐着的、站着的还是走着的？其实画面中可以推敲的细节有很多，包括“镜头是横屏还是竖屏”这样微不足道的点都可以进行模仿和借鉴。

文案：主要模仿的是对方的风格和观点。一些账号的整体文案风格，可能俏皮可爱有槽点，另一些走专业方向的账号，有的纯讲术语，有些可能会在调侃中寓教于乐等，还有一些语气词和话术也可以模仿，比如“××的天花板”“教科书式××”等。观点上，你可以提取他们常用的文案结构和金句，比如某变装类博主常用的文案结构是“听说你们都想看我穿塑料袋/窗帘布/花床单”，或者一些点亮整条视频内容的金句。

结构：仔细分析，爆点视频的常见结构类型一般有这几种：平淡开头+冲突反转、引导焦虑+情绪解答、爆点吐槽+互动引导。你可以从这些结构类型出发，进一步拆解你关注的那些对标账号：开头的黄金三秒他是如何做到“强吸引”的？中间是用什么爽点、爆点、钩点来吸引人继续往下看的？结尾是如何用金句点题，然后吸引观众互动的？

以上我提到的这些，你可以用一个表格整理出来，每个对标账号对应一张表来深度分析，学习人家是怎么做的。在综合评析之后，你可以选择一个最优账号，只模仿它的内容，也可以从这些对标账号中各自提取有价值的点，来拆分重组成新的内容。

你可以把这些都视为你的“试错成本”，每次发表新内容后都进行定期复盘。这个过程需要一些时间和精力来打磨，数据也可能出现不稳定，你需要保持良好的心态去面对这些波折。

当然，模仿与借鉴，只是一把开门的钥匙。

我提到的这些方法论，只是针对你在做视频号刚起步时的情况，在互联网上做内容，模仿可不是长久之计。你需要做的是，在这一次次的模仿与借鉴及迭代优化中，找到自己的风格亮点，然后实现从模仿到超越。

7.3 学会拆解是你快速上手的关键

投石问路，摸石过河，

是最有效也是最高效的办法。

打造自己的视频号名片，其实就是把别人拼完的积木一块块拆开，再按自己的需要，把这些零件组装成另一个样子。上一节我们提到用模仿与借鉴打开视频号的内容之门，那么现在我们就要在这道门之后铺自己的路了。

模仿和拆解并不相同，模仿是表，是做内容；拆解是里，是做数据。通过拆解对手来提升自我，是最有效的办法。

就拿我做视频号的这条“打怪之路”来看，我拆解的对标账号，简直是十个手指都数不过来。对于“拆解账号”这件事，起初我只会分析它们的平均播放量、粉丝增长量这些表层数据，但随着学习内容的更加深入，我发现一个账号能够拆解出来的小细节数不胜数。正所谓投石问路，摸石过河，跟着这些大博主已经成形的运营模式走，甚至还有机会复制他们的成功。

账号拆解的五要素

对标账号拆解的五要素分别是人设定位、选题类型及更新频率、内容数据、粉丝画像、变现模式。

人设定位：从这个账号的头像到定位，这些“表面功夫”一点也别放过。账号信息包括昵称、头像、简介、定位四大类，而这四大类足以为一个账号定下方向。我们要从这些信息中，拆解出这个“人设”到底有什么不一样的地方，也就是其有何差异性：他的头像是真人还是 logo？他的简介有何特别之处？在同样定位的博主中，他能够带来何种异于别人的价值观？

比如某账号是做美妆的，昵称取名“×× 不会化妆”，头像却是一个精致漂亮的真人女性，这就制造了一个特别的矛盾点；简介中用一句话点明身份和目的“变美魔法师，合作请联系 ××”，整体排版简洁，还使用了一些表情点缀，很好地突出了重点，等等。那么你在分析这个对标账号的时候，就可以备注上这些与众不同的地方，然后研究这些动作是否能为账号带来一定的曝光度。

选题类型及更新频率：按照比例来分析某个账号在 3 个月内发布视频的选题、频率、时间。其实，如果你翻看一个有了一些粉丝量的账号，很容易就会发现，博主并不是从头到尾都发同一类型的内容，比如一个美妆博主，她除了会发一些好物种草，也会发一些雷品吐槽，偶尔插播一两条作为粉丝福利的日常 vlog。这是博主的“小心机”，这样既不影响账号定位的整体走向，也能够定期为粉丝营造新鲜感。

同样还有频率和时间上的小心机：每天更新视频的数量不同，活跃度也不同；而同一条视频，在不同的时间点发，冲进的流量池也是完全不同的。这些数据，你的每一个对标账号都是不一样的，是你在拆解过程中需要花大部分心思来研究的数据。

内容数据：某个账号在 3 个月内每条作品的浏览量、转赞藏评、视频时长等数据指标。这是账号拆解五要素中最重要的一环，需要你“浓墨重彩”地分析和研究。

浏览量包括自然进入流量和系统推送流量，它能最直观地看出你这条视频受不受欢迎；转赞藏评能够分析出该账号的粉丝活跃度，如果一个账号的播放量和活跃度相差太多，你就要从中揪出粉丝黏性低的原因，然后提醒自己不要踩这个雷区。

对这些数据的采集做好全内容覆盖，然后按照时间顺序排下来一一研究，尤其需要注意那些数据跨度大的内容。比如，当该账号从某条视频内容起，播放量从几百猛增到几万时，你就要留意这条关键内容到底有什么破圈之处。

粉丝画像：由粉丝量、年龄、地域、性别等信息组成，可以在一些数据工具上查阅。对标账号的粉丝画像是一项参考性很高的数据，你研究对标账号的粉丝画像，其实是在研究你未来的用户群体。粉丝画像能够让你的内容进行更高效的迭代优化，同时能为账号后续的付费投流操作打下基础。

几年前，由于我没有意识到粉丝画像的重要性，踩过一个坑。那时候我兼职为某平台撰写品牌推文，平时阅读量都维持在 5 万左右的水平，直到某天发布的一篇内容，阅读量竟然没能突破 2 万的关卡。这个断崖式下跌的数据把我和合作方都吓坏了，最后通过复盘发现，阅读量骤降的原因只是我在推文标题中添加了一个词“秃头”——作为一个中年男性粉丝占比 80% 的财经账号，他们对“秃头”这个词可谓唯恐避之不及，所以根本就不想打开这篇推文。

当你的粉丝画像比较年轻化，你就做一些更年轻的内容；当你的粉丝女性居多，你就多做一些女性爱看的内容。这就是把粉丝画像研究透的重要性，你能避免许多没有意义的试错。

变现模式：某个账号是如何进行商业变现的。变现模式主要包括接广告、做私域、直播带货等。你能从这项数据中找到你以后赚钱的渠道，当然，最主要的还是学习它广告的呈现形式。

拆解对标账号这个动作是需要一直进行的。你的粉丝数量达到1000的时候，可以去拆解1万粉丝的对标账号；你的粉丝数量达到1万的时候，可以去拆解10万粉丝的账号。目标是无限远的，人也是需要一直学习的——为什么别人这么发就能火？这是你需要时常思考的问题。

拆解，更像是你自己观摩过，然后自我定制的一套方法论。在这套方法论里，你可以找到运营方式、创作灵感、优化方向，然后摸索出适合你自己的路。

7.4 视频号运营的基本指南与思路

把视频号的玩儿法摸透，

才有能力抓住好的入局时机。

每个平台爆发的红利期真的很短暂，当许多人都还把视线对焦在抖音、快手这些短视频头部平台时，能预见风口的人，却早已经开始布局视频号了。

前面我不止一次提到，目前的视频号正处于入局的最好时期。这几年，多亏抖音和快手的普及，人们已经习惯了短视频这种模式，对直播带货、短视频带货也已经习以为常，当这种一整套的商业模式都已经形成了，视频号再背靠微信这个日活用户高达 12 亿的平台发起攻势，就是直接站在了巨人的肩膀上。

视频号的玩儿法其实并不算复杂，正所谓“站在风口，猪都能飞起来”。因此，在创立了视频号、找到并拆解好了对标账号、模仿拍摄好了内容作品后，先不要急着发，我们还需要深度了解一下这个平台：都说视频号入门简单，那视频号的基本玩儿法是什么？

视频号的推荐机制

目前视频号一共有两套推荐机制，一套是社交关联推送，还有一套是系统算法推送。

因为视频号是基于社交软件发展起来的，所以会有一定的社交关联性，这也是其最有优势、最有特色的推荐机制。当你停留在微信的“发现”页面时，甚至都还没有点进视频号入口，就能够看到“×× 点赞过”“×× 位朋友看过”等信息。点进去一看，发现并不是引流的“标题党”，确确实实是自己的微信好友标记过的。同理，当你把你的视频转发给好友、家族群等社交关系网里的人时，只要你的朋友点击观看了，这条视频就会被推送给你好友的好友，得到圈层上的扩散。

系统算法推送，则是基于用户粉丝量少的情况下做出的基础推荐机制，但视频号和抖音、快手的基础推荐机制又不完全相同。如果你对抖音的玩儿法有所涉猎，那么你应该会对“完播率”“点赞量”这些名词不陌生，抖音就是根据你发布视频后的这些数据来判断视频质量是否值得推荐的。

视频号不一样的地方在于，它并不百分之百地依靠数据说话。第一，视频号官方明确表示在大力扶持泛知识、泛生活、泛资讯等内容，也就是说，如果你做知识类短视频，是比娱乐类更容易上热门的；第二，视频号比较支持原创内容，你的内容作品原创度越高，越容易上热门；第三,一个持续创作的优质账号，也是更容易被官方看到的。在视频号，如果你产出的是高质量的原创内容，刚发布就被推上热门也是有可能的。

视频号哪些内容最容易火

视频号对其自身的定位就是“记录生活、灵感创作、分享动态、了解世界的窗口”，不同于抖音的“秀场”本质及快手的“猎奇优先”属性，视频号是以真实性来与其他平台区分开的。

刚刚我们提到视频号正在大力扶持泛知识、泛生活、泛资讯的原创内容，在2021年视频号年榜上，排上Top50的账号，几乎是由摄影博主、美学设计、母婴、生活占据半壁江山的。由此可见，做一些猎奇夸张的内容，在视频号并不占优势。

也就是说，当你在视频号上打造个人IP的时候，日常生活记录和知识付费是最佳的内容选择。就像我的也在做视频号的朋友肖厂长，出品的内容同时踩中了“原创”“知识”“真人”“优质”这几个标签，自然更容易火起来，以至于他向别人介绍自己“正在做什么”时，都能很自信且豪迈地说出那句“你去搜我的视频号看看内容，就知道我在做什么了！”

除此之外，关于内容灵感方面，视频号还贴心地做了“创意风向标”板块，点击视频号入口—右上角“我”—创作者中心，下拉即可找到。这里记录了一些热门话题和热门活动，甚至还可以看到实时的用户参与话题的次数。

视频号的变现方式

现在的视频号的变现模式，按照官方的说法一共有五种：招商加盟、电商带货、广告变现、知识付费、直播带货。

招商加盟，一般针对入驻视频号平台的企业账号。你看到的那些企业“蓝V”号，在视频中口播“快来加入我们吧”都属于招商加盟的一种，对我们个人IP来说并不受用，这里不再赘述。

电商带货，即通过发视频让观众点进你的橱窗，通过用户下单成交而达成的变现方式。视频号现在已经开通了“带货中心”板块，个人账号可以在板块中选品挂橱窗，并且没有压货成本和资金周转的烦恼，是目前视频号中最为常见的变现方式之一。

做短视频，电商带货是最主流的打法之一，但这需要你对自己的用户群体有十分清晰的认知，了解他们到底会不会为你的产品买单。

广告变现，即在你的视频中植入广告实现变现。视频号上的广告变现有个专门的入口，叫作“互选平台”，这是视频号官方为了扶持新人而特别制作的板块。在这里，广告主会发布广告任务，你可以选择广告主去洽谈合作。互选平台的入口，在创作者中心—创作者服务下的子菜单中能找到。

知识付费，即通过带给用户学习价值和效果来实现变现。穿搭博主教别人穿搭，美妆博主教别人化妆，这些都算在知识付费的概念中。

我们拿一个“教你如何做好销售”的账号来说，每一条内容他都做得十分出彩，那么他可以凭借超高点击量，通过平台对创作者的奖励获得收入；或者，他也可以把精准粉丝聚集到一个社群，通过课程产品的售卖来获得收入……

直播带货，即在平台上进行直播，通过强互动和强运营带动粉丝下单从而实现变现。直播带货和电商带货，目前都是个人账号选择最多的变现方式，这两种方式的沉淀周期比较短，且变现效率比较高。

对于消费者来说，直播带货不仅节约了时间成本，也节约了消费成本；对于主播和商家来说，直播带货变现更迅速。就拿视频号来说，这个连接着 12 亿免费公域流量的平台，在竞争上极具优势，在视频号与小程序打通以后，这一套变现流程变得高效又便捷：一场两个小时的带货直播下来，卖货收入、粉丝打投（打榜、投票）会全部统计到“直播收入”板块，主播可以在下播后一键提现，这笔直播收入就直接入账到个人钱包了。

7.5 内容创作的“135原则”

1个好人设，3个升华点，

5个聚焦点。

无论你做哪一个平台，都是以内容为王的。

优质的内容能够增加用户的信任度，有用户的信任就能够大概率地促成交易。如何理解呢？假如你是一个想转行做新媒体商务的小白，不知道该如何入手，于是你上某课程平台搜“新媒体商务”，发现很多个课程的讲师都是“大表姐”，而且每节课的口碑都不错，那么你自然会对“大表姐”的课程产生信任度，报名课程时也会优先选择“大表姐”的课程。

视频号也是如此，你需要保证产出的内容是有质量的。做对目标人群有价值、与其有关联的内容，获取信任度，才能有成交的机会。

在内容创作板块，我总结出“135原则”：1个好人设，3个升华点，5个聚焦点。

“1”，即人设的打造。有一个个性鲜明且存在差异性的人设就足够了，标签太多反而显得杂乱，你的观众将很难记住你。

“3”，即从3个大层面上为内容注入一剂强心剂，包括价值观输出、生活感悟、知识干货。这3个升华点至少具有一个，你的内容才是有价值、有意义的，它等于是整篇内容“画龙点睛”的存在。这就好比写一篇作文，你记录了和家人快乐的一日游，普通人的记录方式是以“结束游玩”收尾，但内容创作者会从中提炼出一些有价值的东西，来升华内容——父母会老去，孩子会长大，在尽可能多的时间里给家人更多陪伴，比什么都更有意义。

尤其是当下的视频号正在大力扶持泛知识、泛生活的视频内容，所以一些日常生活内容，加上价值升华，就很容易被系统评判为“优质”而获得一波流量。

“5”，即5个值得拿出手向观众展示的，并能够和观众有所关联的聚焦点，包括美、笑、泪、奇、学。

美：一切美好事物，即最主观的视觉体验，它的要求是“好看且积极向上”。旅行美景、帅哥美女、插画家晒出的作品等，都属于“美”的范畴。

笑：搞笑，有趣，观看之后让人能够开心。一些现象吐槽、趣味剪辑等让你能够开心的内容都属于“笑”。

泪：在让用户感动到流泪的同时，还能传播正能量。这类内容一般以“窥见人间真情”的纪实内容出现，弘扬人间真善美。

奇：新奇，能够满足用户好奇心的内容。比如一些技术流剪辑，以及之前大火的“淘宝丑东西大赏”主题活动，这些通过另辟蹊径而让用户提起好奇心的，都属于“奇”。

学：能给用户带来收获，从而提升自己的内容。美妆博主、穿搭博主，以及前面说到的在视频号讲课的肖厂长，都属于“学”的内容。

其中，人设的打造是必须要有的，3个升华点和5个聚焦点，则需要保证各踩中至少一个，你所产出的内容才具有价值。只有做出有价值的内容，你才能达到“成交”的最终目的。

根据这个原则，我们来剖析一些个人账号的热门内容。

案例一：张琦商业导师

张琦老师的人设定位，是新商业架构师、企业盈利增长模式专家，她剪着利落的短发，戴着斯文的细框眼镜，说话铿锵有力，出镜时总是穿着一套干练的职业装。于是，外貌和角色就为她打造了一个专业干练的女讲师形象，很多用户看她第一眼就容易对她产生信任感。

截至我写这篇稿子时，她的主页置顶的三条视频中热度最好的一条，点赞量甚至到了 10 万。这几条内容，基本上都是在教别人如何玩转新媒体，以及解答别人的一些疑惑的。看得出来，这几条视频其实都是在为包装她的“天地人网”课程而服务的。在 3 个升华点中包含了“知识干货”，5 个聚焦点中则包含了“学”。

你可能会问，只要具备这些内容，视频内容就能火，账号就可以开始赚钱了吗？并不是。“135 原则”只是原则，它是你创作的内容能够火起来的前提，但距离爆火、变现，还有很长一段路要走。

为了实现最终目的——销售，张琦老师置顶的几条视频内容，其实已然构成了一套强有力的“组合拳”：强调学习新媒体的“重要性 + 学这堂课程能收获什么 + 真实的用户反馈”。当然，热门视频中还挂上了课程的商品链接，用户在看她的视频的过程中，如果对课程产生了兴趣，只要点击入口就可以直接跳转“获客学堂”小程序下单购买，而这门售价 365 元的课程，已经售卖了上万份。

张琦老师的知识 IP 打造得很成功，不但产出的内容十分有价值，而且她选择的每一个渠道都精准触达目标人群。通过优质内容打响了“张琦”这个 IP 的名声后，视频号就相继出现了“张琦”的现象级矩阵，如“张琦商业教育”“张琦商业思维”……每个账号的粉丝量都破了百万，真正形成了一个个人 IP 生态圈，其商业价值不可估量。

案例二：房琪kiki

说到房琪，那就不得不提到她的优美文案和文艺旅行视频。房琪的人设，是一个喜欢笑、喜欢旅行的可爱女孩，文艺、励志，给人一种春风拂面的温柔感，这是她走进观众视野中最好的一张形象牌。

房琪是个靠分享美景、书写治愈文案而独成一派风格的视频博主，微信视频号崛起后她迅速入驻平台并抢占了高地，目前她发布的 70 多个视频号作品中，平均点赞量均在五位数，10 万 + 点赞的作品高达 8 个，这是一个十分了不起的数据。

她的爆款视频几乎都是关于旅游美景、治愈电影、个人励志故事的题材，辅以温情舒缓的 BGM（背景音乐），缓缓道来的配音和文案，很好地抓住了大众的心。不难发现，在内容创作“135 原则”的 3 个升华点中，她的内容占据了“价值观输出”和“生活感悟”两项；在 5 个聚焦点中，则包含了“美”这一项。

作为一个励志方向的旅行自媒体，她通过精准内容产出，获得了精准客群流量，观众看她的视频会获得治愈和快乐，这就是房琪的内容对目标人群产出的价值。

和张琦老师的知识付费课程变现不同，房琪作为旅行博主，她的变现方式多数是与品牌合作，靠接广告拿广告费。得益于数据庞大的粉丝量，房琪在视频号发布的推广内容也是数据惊人，每条广告视频的平均点赞量都在5000左右。

如果我们做个人IP，运用好“135原则”产出内容只是一个前提，你还需要把你的目标人群放在一起来研究——他们喜欢看什么？比如张琦，她要做的IP角色是商业讲师，那么她要做的内容就必然是“干练专业的人设+知识干货输出+让观众能学到商业知识”，这是一条必须铺好的主干道，她可以在这个基础上再做其他的内容延伸，但不能过度偏离。

7.6 视频脚本的撰写与拍摄执行

产出一个优秀的脚本，

就等于为爆款内容打好了地基。

一条视频的镜头、台词、运镜，如何拍，如何更好地把画面和情节呈现出来，都是要有团队对着视频脚本一遍遍地打磨优化才能得到的。也就是说，每条高质量视频的输出，都是建立在高质量脚本的基础上的。

就好比一场优秀的戏剧，演员是经过剧本和舞台模拟的一遍遍演练，最终才能上场表演的，而不是上去一通即兴发挥就草草了事。

由此可见，一个优秀的视频脚本和内容产出的关系，就像是地基对于一栋高楼那般重要。

很多新人小白连脚本都没见过，更别说“如何写”了。那么，一个优秀的视频脚本该如何撰写呢？

脚本的构成

脚本的主要作用是为了规划场景、故事情节、参与人员的分工合作等相关信息，所以一般脚本的构成要素主要包括镜号、场景、景别、拍摄方式、画面内容、台词、时长、背景音乐或音效，共8个要素。

为了让你更好地理解，下面我提供一个内容较为细致全面的脚本模板。

镜号	场景	景别	拍摄方式	画面内容	台词	时长	背景音乐或音效
1	客厅	近景	前推镜头，特写地面猫砂	宠物猫跑过，地面上留下了猫砂碎渣	西瓜，你这只不爱干净的小猫咪！	5秒	小猫叫的配音
2	客厅	中景	前推镜头，特写地面污渍	地面上有小孩打翻的牛奶	妮妮，你怎么又把牛奶打翻了？	5秒	
3	客厅	近景	固定镜头，人物特写	妈妈环抱着手叹了口气，然后打算去拿拖把拖地	哎，真是烦人！	3秒	叹气音效
4	客厅	中景	固定镜头	爸爸过来拉住了妈妈，然后拿出了扫地机器人	别担心，我们现在有好帮手啦！	3秒	

镜号：镜头序号，用以排序和区分镜头，辅助推进工作。

场景：本镜头内容拍摄的大场景在哪儿？书店、咖啡厅还是街道？场景其实属于“内容”的范畴，但是单独拎出来陈列会更加清晰明了。

景别：我们常常会通过远景、中景、近景、特写等画面切换，来让画面的情绪张力和情感表达到位，这就叫景别。

拍摄方式：某个镜头的运镜方式，包括推、拉、摇、移等。

木木然然

扫一扫二维码，关注我的视频号

（木然是我团队的核心小伙伴，他的拍摄水平非常不错，里面有很多运镜不错的视频，可以关注一下他的视频号看一看。）

画面内容：你在这个镜头中想叙述的故事情节是什么，需要尽可能精练且具体地描写出来，某人在某地做某事，情绪和状态如何等。同时，可以把本镜头画面中所需要的道具也列举出来。

台词：用以辅助画面内容，把故事情节呈现得更加丰富。

时长：镜头的预设时间长短，用以对视频时间进行有效的把控。

背景音乐或音效：需要做脚本时同步进行素材的收集，不一定需要列入表格，但需要提早筹备。

脚本怎么写

第一，先找到中心点，拟好大纲。你想通过本条视频表达什么样的主题？要通过这个主题达到什么样的目的？用什么样的剧情和转折来吸引粉丝点击观看？这些都是在一开始就必须考虑到的问题。

这个大纲相当于一个框架，为你接下来的脚本定好范围和方向，场景、画面内容、台词等要素都要根据它展开。

我们就拿模板中的视频内容拆解来讲。不难看出，这个脚本的主题内容，其实就是想通过一系列场景的描写，来衬托这台扫地机器人的卖点和价值。围绕着这个基本的主题，通过一些情节的转折和推进，激发用户的好奇心，从而进一步引发粉丝的播放、评论和点赞。

第二，场景分配，把握画面时长。定好了大纲后，你就需要构思场景，然后将其内容填进脚本表格中。第一个场景是何时、在哪里开始的？想要表达什么样的情绪？这些故事构思，你可以在脑海中粗略地过一遍，然后把灵感通通记录下来。

比如，在拟大纲的过程中，重点在于扫地机器人这个产品，那么你就可以联想它的使用场景——客厅、卧室、办公室……然后再粗略地描写一些故事情节。接着，根据故事在这些场景中的推进，你就可以开始制订画面的预计时长了。

第三，开始填充细节内容。根据脚本的构成元素进行填充，这个环节往往是一些视频团队花最长时间进行头脑风暴的地方，有时候细到一句话的某个用词都能有几种备选方案。假如第二个镜头的预设时长为 5 秒，按照一个人的正常语速只能讲 13 ~ 15 个字，那么你的台词就必须匹配时长，而你的画面呈现又要与台词紧密配合，做到相辅相成。

当你完成细节填充时，其实就已经算是“第 1 版脚本”的内容呈现了。但这个脚本此刻还只能被看作一块“原石”，若想搬到镜头前进行拍摄，还需要进行“抛光打磨”。

第四，反复打磨修改。每出一个版本的脚本都可以尝试一下模拟拍摄，然后反思这个逻辑到底通不通顺，台词够不够好，这个画面呈现的效果理不理想。一个好的视频脚本是需要不断打磨的。当想法被一次次否决和批评时，你必须拥有良好的心态去面对。

这里有个小技巧，为了让你的视频获得更大的曝光度，你可以在一些新媒体工具中搜索“热门词条”“热门关键词”，然后把这些信息融入你的脚本，这样一来，当视频平台的算法检测到你有“重点词”时，你就有机会获得平台推送的流量。

在脚本一致拍案通过后，你就可以进行拍摄了。

拍摄之前，所有参与人员都要熟知脚本的内容与流程，提前清点道具，拍摄设备也必须提前调试好。

在拍摄过程中，镜号可以打乱拍摄，比如你可以选择先拍摄重要镜头，尤其是需要人物出镜的画面。根据我这些年的经验和总结，刚刚开始拍摄的时候，正是演员状态最好的时候。同样，如果脚本中有重复出现的场景，可以选择一次性地把该场景中的内容拍完，然后再转场到下一个场景，这样能够大大地节省时间，提高效率。

拍摄过程尤其需要注意的一个地方是，提醒摄影师及时回看拍摄的素材。这是一个必须养成的好习惯。因为我就吃过这样的亏，坐了一个小时车去取的景，拍完回到公司盘点视频素材时，才发现有个重要镜头竟没有对上焦，严重虚化，导致根本没法儿用。

总之，视频脚本的撰写不算难，但需要你不停地去参考对标账号，收集创意和灵感，拍摄执行时则需要格外注重效率和质量。

7.7 视频剪辑的工具与素材网站

不光要收藏，

也要拿出来用哦。

拍摄好的视频素材只是食材原料，我们还需要进一步加工，才能让它成为被端上桌的佳肴。上一节我分享了视频脚本的构思和拍摄经验，那么在本节内容中，我将会和你分享一些我常用的剪辑工具与素材网站。

行业中常用的几个视频剪辑工具，其实都逃不过Pr、剪映、爱剪辑这三个“行业大咖”。我们拍摄视频，更多的是追求更新频次，节约时间成本，并不需要像大电影那样每一帧都要钻研打磨。在这样的前提下，其实这三个剪辑工具已经能够满足大多数人的需求。

Pr：Premiere Pro，实力第一，是一款更适用于电脑端的专业剪辑工具。通过这个图标的风格，其实不难发现它和大名鼎鼎的PS是一家人。作为行业的老大哥，Pr 除了能够剪辑视频，还能处理音频，添加各种特效，它的功能十分强大，这点无须质疑。但是对于一个新手来说，Pr 的工具栏面板显得复杂一些，需要花一些时间来熟悉这些功能上的操作。

剪映：剪映是我使用频率最高，也觉得对新人最友好的入门级剪辑软件，它能够兼容手机端和电脑端。剪映在保证专业度的同时，实现了较低的操作难度，手机端的剪映几乎是个“偷懒神器”，而电脑端的页面，只要你花一点时间研究功能玩儿法，也能开始上手剪辑作品，不过我会更推荐你使用手机版剪辑，功能会更全面。

变速、特效、字幕、音效这些视频剪辑的基础操作都能够进行“傻瓜式操作”，导出的视频作品也不会被压缩画质，比较适合我们这些要求高时效、高产量的短视频博主。

爱剪辑：爱剪辑是比剪映更加“新手化”的剪辑软件，软件内存小且能够高速运转。爱剪辑是国内首款全能的视频剪辑软件，对比抖音官方推出的剪映，它的剪辑专业术语更少，操作简单，能够给剪辑小白带来更友好的体验，风格滤镜和转场特效都比较多。

但爱剪辑导出的成片默认会有片头水印，所以当你导出成片时还需要增加一道“剪片头”的工序，相对来说会比较麻烦。

总体来说，我更建议新手小白尝试使用剪映，等到后期对视频质量需求更高后，再转战如 Pr、达芬奇等专业剪辑软件也不迟。

在剪辑过程中，如果有些想要的音频素材或视频素材，在剪辑软件有限的库存中找不到，该上哪里找呢？这里我同步分享几个免费的素材网站，作为你学习剪辑的“打包礼物”。

1. 音效素材：爱给（www.aigei.com）

这是一个拥有 100 多万条音效的素材网站，基本都是免费的。当然，如果你愿意付费，也能解锁更多音效素材。爱给网的音效几乎包括所有的常用题材，页面索引也做得很好，按照“游戏”“人类”“动物”等每一个类别做好了分类，一目了然。

2. 音乐素材：FREESOUND无版权音乐库（www.freesound.cn）

一个主打英文歌曲的免费音乐素材库，挑BGM没有头绪的时候，你可以按照网站上的风格索引来找到合适的音乐素材。它的风格比较全面，整体偏欧美风格，好在每一首都可以全曲试听，但缺点是有下载额度，每48小时只能下载一首，否则就要花钱购买月卡。

3. 高质量视频素材：Mixkit（www.mixkit.com）

有些人的视频中会穿插许多唯美精致的大片画面，比如用一个云雾翻涌的空镜来突出“治愈”的视频情绪，用一滴水掉到水面上的画面作为转场，等等。像这些素材，都可以在Mixkit中搜索。里面有许多素材分类，并且全部都是制作精良的4K画质，时长几乎都在60秒以内。除此之外，Mixkit还有许多免费的音效供你下载。它的缺点是网站内的素材相对来说比较少，但还是值得你去逛逛的。

现代人的版权意识已经逐渐变强，一条10秒的原创短视频，有些博主都会因为版权问题跟别人打上一年多的官司，所以我们在上网找素材时，一定要注意它是否可以免费商用，是否会侵权。

7.8 一些很实用的 Tips

越早抓住个人品牌的红利高地，
就能越早实现人生价值。

我们做内容，除了学会善用工具，也要学会善用人脉。这是我对你的真诚小建议。

有些小白辛辛苦苦做了第一条视频出来，然后满怀期待地发布后，却往往是“门可罗雀”，冷冷清清的。这个时候，你们可以将视频转发给一些微信好友进行点赞评论的互动，转发到家族群和朋友圈，总之让身边的一切人脉都活跃起来，甚至可以给他们发一个小红包作为“辛苦费”，实现第一条视频从 0 到 1 的数据突破。

做内容还有一件十分忌讳的事情，就是三天打鱼两天晒网。所以你的视频一旦开始更新，就要时刻保证有“库存”。

持续更新，能够让你账号的流量趋于稳定增长，同时也能够达到很好的固粉效果。粉丝就是你的流量，流量就是你的收益。所以你必须提前规划视频内容。比如我的团队，11 月拍摄的视频主题内容，会在 10 月中旬就定下来并开始筹备拍摄工作。这些准备工作能够为你规避风险，当手头有实打实的库存视频时，你就不需要担心某天有急事而导致账号没有视频更新了。

你要拥有一个平稳的心态来做这件事。因为做内容的过程，也是你慢慢磨炼自己、自我成长的过程。

给自己找对标账号时，你慢慢能摸清自己到底想成为什么样的人；钻研一个平台是如何运营的，你能够自主学习到很多新鲜的知识；当视频脚本一遍遍被否认时，你能够在这些失败中锻炼出强大的内心……我从一个视频号新人做到现在，心态上确实成长了很多，无论是发布十个视频只火了一个，还是发了一条视频马上被推上热门，我都能波澜不惊地面对了。

心态要稳，这很重要。如果仅仅是发布几条视频，发现没有什么人看，就觉得自己在白费功夫的人，是无法做好一个视频号的，更别提打造一个个人 IP 了。

我们做新媒体，打造个人 IP，销售 IP，做视频号，都算是厚积薄发的事。你需要铺垫很多东西，才能够达到触摸别人脚尖的水平。

话虽如此，但打造出你自己的视频号名片，拥有一条爆款视频内容，其实不是一件多难的事。当然不可否认的是，这里有一些“运气”的成分在，但在你认认真真地把视频内容做好之后，爆火出圈也是迟早的事情。

前段时间，我和一个做流量生意的朋友启智聊天，聊到樊登老师这个超级 IP，“樊登读书会”在短短两年内，就做到了市值十亿元的惊人成绩。这位老板无数次感叹我们现在其实正站在流量的风口，而把内容做好，就是一把最有劲的燃料。

如今，流量是时代平等地带给每个人的礼物。在未来，这份礼物只会更大，越早占领红利高地的人，就能越早实现人生价值。

第8章

精细化运营私域用户，转化目标客户

积累口碑，

/

让老客户带来新客户，

订单如滔滔江水奔腾而来

8.1 将销售目标落地的三大策略

公域流量、私域流量、精细化运营，摸透这三件事，

能为你的销售打开一扇新的窗户。

不知道你日常生活中有没有留意到一些细节，现在点外卖常常会看到这样的提醒：进入商家粉丝群获得更多福利；在某蛋糕店想要定制生日蛋糕时，店员会让你添加企业微信进行私聊；浏览某博主的视频时，点进主页，通常会看到写着加微信有福利……这些现象，放在几年前可以说是“闻所未闻”，但随着社会的变化，你似乎又觉得这些是十分寻常的事儿了：

“群里会有一些消费券领取，下次点外卖更便宜”；

“店家微信里的蛋糕款式会更新颖一些，毕竟拍个照比打印一本菜单来得更快”；

“加博主的个人微信，就能获得免费的课程包，何乐而不为”；

……

这是因为，在互联网、流量时代、新冠肺炎疫情等种种因素的影响下，销售渠道也在发生潜移默化的改变。很多商家开始随大流，建立社群，把公域流量引入自己的私域流量池，用以做更高效、可多次利用的销售，这种方式能够带来更多用户，轻松增加收益。

可以说，在如今更符合时代发展的销售策略，就是把公域流量转为私域流量，然后进行精细化运营。

私域流量、公域流量这些专业名词，我相信你也听过许多次了，但你真的了解它们的含义吗？

公域流量是指企业可以通过入驻平台来获得流量，这些渠道能持续获取新用户，它的流量是公共所有的。常见的可以获取公域流量的平台有很多，比如抖音和视频号这类短视频平台、微博和知乎这些社交平台等，都属于获取公域流量的平台。可以这么理解，你在视频号上发布的一条短视频，任何人都有可能刷到，但他们关注你、进入你的商城购买东西的概率非常小，因为这张网捕获的鱼是多种多样的，虽触达面积广，但是流量黏性很差。

私域流量是指不用付费、可由企业或个人自由支配的、可直接触达用户的流量，它的流量是私人所有的。目前做私域流量的最优平台，其实就是微信，合理使用朋友圈、小程序、公众号等功能，能最大限度地留存粉丝。对比不可控因素更强的公域流量，私域流量的用户黏性会高很多，因为当你把私域流量从公域流量中引进来时，其实已经做完“筛选”这一步骤了——不想在你这里获得好处的人，是不愿意进入你的私域流量池的。就比如开头说到的外卖粉丝群，这位客户首先认可商家的菜品口味，觉得下次还会再来，想要获得回头客福利，他才会主动进入粉丝群，因为对他有利。那么相对地，商家也能知道，进入群里的用户，都是有用户黏性的，并且二次成交意向很高。

从目前的发展趋势来看，公域流量的成本变得越来越高，有些新账号想要涨粉，甚至还要花钱去推流。而相对应地，私域流量开始慢慢崛起，进入私域流量池的用户除了获取成本低，还能被反复利用，并且能被深度触达。

著名商业咨询顾问刘润在 2021 年的年度演讲中就说过，公域转私域是目前最大的风口。把公域流量转入私域流量，其最明显的优势是能够深度与客户建立连接，不容易流失客户。

就拿我的视频号来说。你从公域流量池中受互联网大数据的影响，点开了“大表姐宸希雅”发布的某条视频，发现这位姑娘讲的内容很有意思，于是点开了她的主页。你看见主页资料卡上写着“添加微信领取穿搭教程与珠宝福利”的简介，还有添加微信的入口，她的专业度让你信任她，于是你添加了她的微信。这时，你就带着“想学习”或者“想领福利”的目的进入了她的私域流量池。她会在朋友圈发布直播预告，推广新课程或者是购买珠宝的福利，所有这些动作都是为了做“深度触达”，从而达到点对点成交。

假如你只看了她的一条视频，你会直奔她的视频号商城，然后买一门几千块的课程，或是一串上万块的珍珠吗？你可能连“宸希雅”这个人的名字都没听过，就更别提为她或是她推荐的产品买单了。

公域转私域之后，想要将销售目标落地，还有最后一步，那就是进行精细化运营，满足用户在不同场景的个性化需求。

何为精细化运营呢？这就是根据各个层次用户群体的差异，有目的地制订出具有针对性的运营策略。

假如你是一个视频号博主，你向你的新用户推荐售价 2888 元的包年课程，新粉丝的成交率几乎为零，但如果你向忠实老粉推荐同样的包年课程，对方可能会觉得“赚大了”。针对新用户有新用户的运营策略，重在引导和留存；针对老用户有老用户的运营策略，重在转化和挖掘价值。这就是精细化运营的本质，对症下药，“看人下菜碟”。

将销售目标落地的这三大策略，其实就是基于当今时势的一套高效组合拳。经过漏斗式的一层层过滤筛选，最终对目标客户发起针对性攻势，才能在最省成本的情况下，达到销售目标的最理想化。

如今，越来越多的商家和个人都注意到了私域流量这块可口的蛋糕，通过做私域，或者说靠私域流量的加持，曾宣布破产的瑞幸咖啡重回巅峰，乐乐茶用三个月的时间直涨 500 万粉丝，爆款 IP 日食记获得了千万级别的 B 轮融资。

依靠精细化运营来做私域，才能把服务做深，把客单价、复购率提高。这将是互联网销售的大势所趋。

8.2 视频号公域流量如何转化到私域

公域转私域的“链路闭环”，

为你的成交开路。

上一节我们说到，公域流量转到私域流量，能够让流量筛选得更精准，以更快成交。

如果你是一个小白，想要把粉丝从视频号引入自己的私域流量池，然后做私聊成交，你第一个想到的做法是什么？这个问题，我问过一些不了解新媒体的朋友，90% 的朋友表示会在主页写上个人微信号，剩下 10% 的朋友则认为可以在每条视频的结束处放上自己的微信号和二维码。

我想，你的答案大概率是和那 90% 的人相同的。

起初，我在自己的视频号主页放上个人微信号，只是为了避免有时候来不及到后台查看私信，导致错过了一些粉丝提问、商务合作之后做出的无奈之举，直到后来和肖厂长聊天之后才知道，这也是把公域流量引入私域流量的链路之一。不可否认的是，这种做法虽然不足为奇，但确实奏效，它拥有触达面广、维护成本低、曝光度高、时效性长等一系列优点，能随时为你带来私域流量。

把鱼从海里捞上来还不够，你还需要搭建一个容量足够大的水池，让鱼有合适的容身之处。因此，搭建私域平台，打造链路闭环，为你的私域流量做好承接的万全准备，这是将公域流量转到私域流量的第一步。

接下来，我会为你提供三种常见的公域转私域的链路参考，你可以根据自己的情况和理念，研究出一套适合你自己的方法。

链路一：跳转小程序 / 关联小商店

2021 年下半年，随着微信生态的逐渐完善，视频号增加了新的服务功能，在视频号个人主页上能够直接跳转至商家小程序，还可以添加自定义链接如联系客服、活动福利等入口。这一条链路的接通，毫无疑问为商家门店打造了一波超高的曝光度，但目前此功能暂只支持通过认证的企业账号使用，对于个人用户，还有一个万能的 Plan B，那就是关联小商店。

微信小商店是可以免费开通的，无论商家还是个人，都能够免费开通小程序商城。个人只需要上传身份证、完善个人信息和收款信息，了解一些基础玩儿法就可以开店，不需要缴纳押金，并且值得一提的是，个人的小商店也是拥有完全支付功能的。

个人打造私域流量池，选择小商店作为承接入口的话，其维护成本相对较低，你只要花费点儿心思，做出一个页面和体验感都不错的小商店页面，后面的操作就能按部就班地进行。进入你的小商店的用户，可以直接在这里做完“成交”这个动作，还可以一键转发小商店分享给他的好友，达成复购与转介绍。

链路二：主页引流 + 私信

主页引流添加个人微信，引流到私域的方式，其实是最多人选择的方式。像小红书、抖音、视频号这些平台，你随机点进一些达人的主页，经常会看到他们在个人简介上写着“+VX”（加微信）这类的提示语，并且有些达人还会告诉你，添加微信还可以免费领取福利。

比如像秋叶大叔的视频号，会引导你添加他的企业微信，领取免费的课程；我自己的视频号，个人简介里也写着“陪你一起成长”，并附上了个人微信号。作为拥有了一定影响力的人，这无疑是能最低成本获取私域流量的好办法。添加达人的个人微信这件事，对于粉丝和用户来说，是一种可以更近距离接触偶像的机会。

这条链路操作简单，但是需要时间维护。你首先要在主页上更新你的账号信息，然后等流量自己进入，当有人添加时你只需要通过申请即可，根据你的方法论为流量打上个人标签，然后就可以进一步做后续的激活与留存了。

链路三：直播引流+进社群

视频号公域流量转到私域流量还有一条常见的链路，就是直播。

如果你是个经常看直播的人，这些话术和方法应该不会觉得陌生：“扫屏幕下方二维码添加主播微信，进群领取更多福利哦”“添加主播回复 ××，可以领取专属优惠券”……直接吸引用户进入私域流量池。这看似简单，但需要一套成熟的运营方法才能留存流量。

这一条链路闭环，我们可以参考头号主播李佳琦私域团队的做法。

引导粉丝添加小助手的企业二维码后，会进入会员福利群。福利群会发布李佳琦的直播预告、选品清单、活动提醒等信息，这样私域又会把流量反补到直播间，再产生订单成交。那么，李佳琦私域团队是如何留存用户的呢？粉丝在直播间成交的订单，会产生对应积分，积分可以到小程序免费兑换奖品。如果粉丝想要赚更多积分，就会到直播间继续下单，这样便形成循环。如此一来，李佳琦私域的链路就形成了闭环：第一次进直播间买东西—通过引导，加入会员福利群—知道直播订单积分可以兑换奖品—想要获取更多积分—在社群里等下一次直播预告—进直播间下单。在这个过程中，可能会因为福利或口碑，而让用户心甘情愿去做转介绍，拉朋友进群，或者将小程序分享出去。

其实，只要能够形成“引流—留存—成交—复购—裂变/转介绍引流”这个闭环，那么以上这些链路可以随意组合，也可以根据你的运营理念来同步进行。

比如你在主页标上自己的微信号，以及在直播间海报里放上自己的微信二维码，这两件事同步做也是不冲突的，它们都是在为私域流量搭建入口。流量进入私域后，就该考虑“承接”这个动作了，即把捞上来的鱼放在哪个池子里，才能够做到利益最大化？

如果你的流量少，可以一对一聊天促成转化；如果你的流量多，可以创建社群来统一运营……记住一句话：我们把视频号公域流量引入私域，做这么多的准备，其最终目标就是促成交易。

8.3 私域流量精细化运营的基本指南与思路

每一份投入控制在合理的区间内，

每一份产出资源运营高效化。

关于精细化运营，我看到过一个很有意思的解释。你面前撒了一把五谷杂豆，精细化运营就是要你把豆子分门别类地挑出来，将红豆辅以红糖煮红豆汤，然后将绿豆辅以冰糖煮绿豆汤，而剩下的薏米可以炒熟了直接泡水喝。

“精细化”的本质意义，就在于它是一种对战略和目标进行分解、细化和落实的过程，从私域用户运营的角度来讲，其实就是“红豆煮成红豆汤，绿豆煮成绿豆汤”的道理。

前段时间看到一句话，叫作“无差别群发正在消耗你的私域”。假如你收到来自微信好友发来的某活动销售信息，你会做何感想呢？会认真去看，还是第一时间删除好友？作为一个运营者，也许你的这段话术经过了无数次的优化，排版也十分简洁易读，但是站在一个用户的角度，他只会觉得自己被骚扰了。

跟风做私聊群发或社群群发，虽触达面广，但这样无差别群发的消息，次数多了只会造成物极必反的效果，拉黑你或将你的信息设置成免打扰的人会越来越多，你的私域增长能力也会越来越弱。

我的一个做美业的朋友小辣椒，她虽不懂“精细化”的概念，但是能够把私域流量精细化的精髓发挥到极致。她群发信息的频次很低，一般在春节、国庆等大型节日才会发一些简单的祝福语，并且都会写上用户昵称，来增加对方的信任感。一些跟她有过对话的客户，她会多花心思聊一阵；一些关系不错且有过成交的客户，她会比较开门见山地告诉对方：最近我们家新出的套餐很值得买哦，您要不要看看？

将私域流量精细化运营，其实就是把进入私域的用户进行拆解，再结合用户画像、用户分层、需求定位，对用户展开有针对性的运营策略。它最大的意义在于，能使资源运营高效化，把每一份投入产出控制在最合理的有效区间。

第一，画出你的用户画像。

上一节内容中，我们说到了如何把公域流量转化到私域中。在你的私域流量“进账”的时候，你还需要做的一个步骤，就是对这批流量进行评析和打上标签。

初步评析，是基于你对他的第一印象，包括性别、年龄区间、朋友圈等一手资料，以及发送打招呼信息时，对方是否愿意回复的意向情况。这些信息，你可以使用“标签”和“备注”功能进行记录和区分，比如某用户很愿意和你交谈，那么你就可以为他打上“高活跃度”“性格外向”的相关标签，方便后续有针对性地推进工作。

第二，对用户进行分层。

对进入私域的用户进行分层化管理，是“精细化运营”的精髓所在。

我把这个模型分为新用户、活跃用户、兴趣用户、付费用户这四层，你可以通过用户画像、用户行为、生命周期这些关键参考因素，对私域用户进行分层。用户画像用来告诉你“用户都是谁”，用户行为用来告诉你“用户喜欢做什么”，用户的生命周期则决定了“用户的价值”。

新用户，这个“新”，可以理解为与你几乎毫无互动的用户，哪怕一年前添加的好友，没有任何互动都可以放在这一层；活跃用户，一些愿意回复你的信息，产生互动的用户；兴趣用户，注册了账号、浏览或分享过产品链接的用户；付费用户，自然是指与你有过成交的用户。

这个分层，能够让你更有针对性地实施触达，最大限度地节省人力资源成本和时间。这个道理很简单，对于一个新用户，你耗费了大量时间触达，也许都不会有结果，但如果你把这些时间放在付费用户身上，可能会成交新的订单。

第三，深度触达用户，各个击破。

对用户进行精准分层后，就可以对症下药，各个击破了。

对于新用户，要做引导和促活，适当使用福利做诱饵，加速这批粉丝的成长；对于活跃用户，除了抛出福利，还要进一步建立信任度，这个层级的用户十分关键，要注意不可强行销售；对于兴趣用户，就需要加强促销观念的植入，偏推销，尽力使他们向付费用户转化；对于付费用户，则需要重维护，制造退出成本，挖掘其潜在价值。

当然，这只是触达用户的一些基本思路，其中的具体话术，就需要你进一步地优化和填充了。这中间，你还需要考虑的是，在你的承受成本中，能做出来的福利活动有哪些，为不同分层用户开出的不同药方有哪些……我建议你综合上一节及本节内容，尝试写出一套标准作业程序（SOP）。

私域流量精细化运营的“灵魂框架”，无非就是人群—分层—策略—触达—反馈—优化。当这一套方法与公域流量转私域流量的方法组合起来使用时，相信我，你能够打赢很多没做准备的人。

8.4 一些好用的开店工具

"吸金达人"都在入驻的平台，

凭实力出圈，人人都有机会。

2020年5月11日，人社部正式发布"中国新十大职业"，其中很多职业的确是新鲜出炉，甚至是闻所未闻的：在线学习服务师、互联网营销师、老年健康评估师……这批新职业有一个不容忽视的特点，那就是它们大部分都属于互联网行业。这说明，今后互联网行业仍将是发展最快的行业，也是解决就业最多的行业。

如果现在问你在互联网上赚钱最快的法子，你脑海里第一时间蹦出来的是什么？我想大多数人都会说出那个答案——当然是直播带货啊！

是的，互联网的天然优势，让许多人从一个普通人一跃变成了吸金达人。前有"直播流量王者"李佳琦和董宇辉，后有我那个在朋友圈卖特产的朋友旅行博主七七，他们都利用了自己的社交网络在各大社交平台上卖货，我们可以将他们统称为社交电商。

社交电商变现虽快，但同时存在一个缺陷，就是很难自成体系。社交电商，没有社交何来电商？就连李佳琦15分钟卖出十几万支口红的实力，都是建立在足够多粉丝的基础上的，这些粉丝基数是他经过很长时间的沉淀和巩固才获得的成果。

作为一个普通人，一个刚刚开始做私域运营的小白，没有这样的硬实力，就要懂得“工具的妙用”了。

这里我为你介绍三款好用的开店工具，助力你打造一家有模有样的、口袋里的零售店。

第一个平台，视频号商店橱窗。

视频号正在崛起，视频号商店橱窗作为其附带的功能，自然也是十分高效的带货方式。

开通视频号橱窗步骤如下：

- 打开微信，点击【发现】页面，找到视频号入口；
- 点击右上角小人图标，进入个人主页；
- 下拉页面，进入【创作者中心】，点击【带货中心】进入页面；
- 点击【橱窗管理】，此时系统会弹出弹窗，咨询你是否拥有货源。

无论你有无货源，都可以进入视频号商品橱窗进行带货，无货源可以进入选品中心挑选货品，有货源可以通过提交资质，在第三方小程序商店里直接把商品添加至橱窗。

一般来说，除了商家，我们都可以选择“我要选品”的无货源模式。在选品中心里，你可以查看到销量数据、系统推荐、佣金占比等相关数据。当你把商品添加至橱窗，选择直播或短视频带货时，每当有人下单，你就可以抽取对应比例的佣金，带货的佣金会在一周内直接提现到你的个人账户。

选择选品带货之后，你就要在内容输出上下点儿功夫了，利用一些数据搜索引擎，比如新视数据，看看其他达人是如何带货的，最近容易爆火的点在哪里，等等。利用这种模式，你就可以在没有资金压力、没有库存压力的情况下做销售。但劣势就在于，要把一个品卖爆，你需要一点儿运气和功夫。

第二个平台，有赞微商城。

有赞平台原名叫作“口袋通”，通过这个曾用名，我想你应该能大致了解它是做什么的。

有赞是一家服务于零售商家的公司，帮助商家在网上开店、营销、管理客户、获取订单。它适用于全行业、多场景，能够在微信等各种渠道上开店拓客，我们今天就在微信渠道的基础上，讲解一下有赞平台。

我自己的珠宝首饰品牌，就是用有赞微商城开的线上店。通俗一点来解释，它就相当于一个大家都很熟悉的功能——微信小程序，想要让朋友到你的店里逛一逛的话，直接转发小程序给朋友就可以了，十分方便。

有赞微商城还支持自定义装修店铺，像商品推荐、添加购物车等各种页面功能都配备齐全，相当于你在微信上逛淘宝店，商家后台中整套“添加商品—用户下单—导出订单发货—结算”的流程已经畅通无阻，是一套成熟的店铺体系。

有赞微商城配备的“下单仪式感”，让大多数用户产生信任感，这是它的优势所在。如何理解呢？同样在微信上做销售，普通的销售让用户成交的动作，无非就是发红包、转账、扫码付款，然后再问对方要发货地址；但是在有赞微商城，用户需要把商品添加进购物车，填写地址，提交订单，然后再付款。这些步骤，对于销售者来说节省了时间，对于用户来说则增加了体验感——毕竟对于大多数人来说，通过平台付款，要比直接转账有保障多了。

但有赞开店的整体流程较视频号橱窗要复杂得多，需要很多资质认证，开通步骤也十分烦琐。如果你是单打独斗，没有团队，没有货源，甚至也没有经验，那么有赞平台不太适合你。

第三个平台，荔枝微课。

我是做过知识付费的人，所以我知道从一个普通人到一个知识讲师，要付出什么努力，又能够获得多大的成绩。

如果你打算打造一个知识付费 IP，或者说做知识类目的私域运营，那么荔枝微课是一个很不错的平台。我和我的一位好友，《影响力变现》的作者阿佳老师，都是在这个平台上经营用户的。在这里你可以零门槛开课，在个人中心进入自己的直播间页面，然后在右上角找到认证按钮，填写实名认证信息之后，你就可以开始你的讲师之旅了。

做知识付费的好处，一方面是可以通过多渠道增加收入，另一方面是能带来更多的知名度，在增加个人信任度的同时，还可以收获一批粉丝，这批粉丝又可以为你的私域助一把力。

做知识付费讲师的门槛其实不算高，你甚至可以没讲过课，也能有机会做到“躺平赚钱”。但有一点必须具备，是你需要有一定的思考能力，只有在你能够输出有价值的观点的情况下，你的“知识”才值得被“付费”。

这三个平台，是基于我的个人经验筛选出来的功能比较完善，而且入驻条件比较低的平台。当然，你可以根据你的情况和个人意愿来选择，毕竟一个有本事的人，无论在哪个平台，都有机会赚得盆满钵满。

8.5 学会朋友圈“6+1 剧本”

这些“潜规则”，

助力你打造一个有购买力的微信朋友圈。

如果让你在微信上售卖一件产品，你会怎么发朋友圈宣传和销售呢？是抓紧一切时间疯狂刷屏，增加曝光率，还是把一段文案来来回回地发，然后在中间穿插一个抽奖活动？

受各种朋友圈营销理论的影响，很多人对朋友圈发布产品的理解就是暴力刷屏，导致的后果就是被好友屏蔽或拉黑。

其实，做私域运营，连发朋友圈都是一门学问。你添加的那些成功的代购、微商、销售，他们的朋友圈有时候看似杂乱无章，其实都蕴含一些不易察觉的小心机：什么时候该发产品广告，什么时候发抽奖互动率会高一些，怎样让客户对自己有信任感……

针对私域的朋友圈运营，有一套法则叫作“6+1 剧本”，它是打造有吸引力的微信朋友圈的不二法则。什么是朋友圈“6+1 剧本”呢？我想用这么一句话概括：朋友圈剧本始于好奇、陷于期待、忠于主张、痴于文案、止于购买。

为了能够让你更好地理解，现在我们代入“化妆品专柜销售”的角色，一起来感受一下朋友圈“6+1 剧本”的威力。

第一，朋友圈的破冰，首先从求助开始。

做销售发朋友圈，如果只是发一些平平无奇的推荐内容，你很容易会提出那个常见的问题——“朋友圈发布了产品，但别说转化了，根本就没人来问啊！”如何发布产品，才能提高朋友圈的关注度呢？我的答案是：设计一个跟用户痛点有关的问题，然后请他们帮忙。

比如，作为一个专柜销售，你可以这么发：门店正在筹备“双11”促销大典，超过一半的款式有买赠活动，购满888元还额外赠送品牌化妆包一个。对于这次促销活动，你想要什么其他赠品或购物券呢？欢迎下方留言，我们会努力准备的……

只有向观众抛出问题，才能吸引来互动。通过求助用户帮忙的方式，我既可以让用户知道我们即将推出一场大促活动，福利很多，同时又不会留下很明显的推销痕迹，一举两得。

不管你的评论区有什么留言，只要有互动，你就是和用户产生了连接，而这就是破冰的开始。

第二，勾起好奇心，让用户持续关注你。

好奇心是一个非常强大的钩子。通过朋友圈内容，勾起用户的好奇心，让用户对你正在做的事情产生好奇心，他们就会持续关注你。

作为一名销售，你可以接在上一条破冰朋友圈之后，发布勾起用户好奇心的内容，比如你可以制造神秘感。某某网红色号有重磅福利活动，这时大家就会非常好奇到底是什么福利，是买一赠一呢，还是超值折扣呢？这就是勾起用户的好奇心。

第三，打造期待感，才能让用户欲罢不能。

明了求助、建立好奇心的重要性之后，你还需要制造期待感。

你要在朋友圈展示用户的正面评价，展示不同用户使用产品后的效果，或者一些案例。

比如你可以用之前收集到的一些买家秀、包装特写图来展示。某某男生买了这个化妆品限定套盒送给女友，让女友过了一个十分快乐的生日；或者发出一张聊天截图，对方分享说，涂了这支口红之后成功过了第三轮面试，口红色号简直是她的“幸运色”……

总之，打造“期待感”要求你给大家释放一种情绪上的信号：产品确实很不错，这些都是别人真诚的反馈，他们通过在我这里购买产品，收获了快乐和幸福。

第四，抓住三个细节点，让用户信任你。

通过前面几条朋友圈，可能有些人已经有购买欲望了，但这往往不够，你还需要让他们足够信任你，他们才会向你购买产品。

这里我提出三个提高用户信任度的细节点：设计一个可以兑现的活动，在朋友圈充分展示自己的日常，让别人或数据来为你做背书。

可以兑现的活动，指的是一些“第 18 个点赞有红包”等小活动。它重要的点在于，你在兑现时需要大张旗鼓地在朋友圈宣布，这样能够让别人觉得你是一个言而有信的人。在朋友圈晒自己，主要是为了让自己的人设鲜活：你在展示你的日常生活，展示你的价值观的同时，还能够让别人了解你的为人，从而产生好感。至于做背书，其实主要就是品牌的背书，比如某产品是某某明星的代言或同款等。

这些信任感的打造，是未来销售转化的有力基石。

第五，仪式感，让体验变得与众不同。

从好奇、期待、信任背书的角度发完这几条朋友圈文案，你是不是觉得大功告成了？不，在我看来，你还差仪式感。

仪式感是什么？仪式感就是让一些时刻跟其他时刻不一样。人们都喜欢一些有仪式感的东西，它们可以带来美好的体验。比如你可以在朋友圈发活动倒计时的海报、预购的预约人数，甚至可以发门店的活动装潢等。

仪式感是人们表达内心情感最直接的方式。它未必是一些具体的、物质层面的行为，也未必是某个特定的日子或时刻，更多的是一种人对生活的态度。

第六，塑造稀缺性，是提高转化力的要义之一。

在朋友圈不断提示，这次促销赠品有数量的限制，比如只有前50名购买者才可以获得限定的品牌赠品，送完即止。为什么要这么设计呢？因为只有稀有的东西，人们才会珍惜，这个产品如果满大街都是，大家是不会珍惜的。

这里有4个细节点，可以助力你打造稀缺性：

第一个细节点就是，限制购买数量，比如说只有多少个名额，卖完就没有了。

第二个细节点就是，可以涨价。在你卖的时候，你给的是一个促销特价，但是这个活动之后它会恢复原价，比如说某款眼影盘的活动价为399元，但是活动之后会恢复专柜原价599元。

第三个细节点就是，取消额外的奖励。比如说活动价399元，还送一个品牌化妆包，但是这个活动结束之后，赠送化妆包的奖励取消，并且只能原价购买。

第四个细节点就是，过了本次活动时间点，产品会下架。如果不购买，可能就错过这次机会了，或者说需要等很久才有机会购买。比如说本次促销活动会推出 999 色号的限定包装，错过这一次限定发售，就只能再等待一年了。

这部分内容，除了前面的求助和勾起好奇心，可以植入在每一条朋友圈广告里。

第七，明确指令，让成交一气呵成。

经过前面一系列的铺垫，你已经充分地把大家的情绪调动起来，接下来就可以开放购买了，因为前面的工作做足了，让他们购买是非常自然的事情。

这里给大家讲两个细节点：

第一个细节点就是，你要在朋友圈给予一个明确的操作指令，告诉大家，你的这个产品怎么购买、什么时间可以购买、购买的方式是什么等。比如，本次专柜促销活动是否可以在线上小程序抢购，还是规定只能在线下参加？

第二个细节点就是，开放购买之后呢，要在朋友圈直播成交的截图，展示火热的场面，展示大家的购买热情，以及产品的数量还剩多少，这是在开放购买之后，需要做的一些事情。

以上，就是完整的朋友圈“6+1 剧本”转化流程和细节，6 个铺垫工作，加上 1 个成交指令。对“6+1 剧本”而言，从求助、好奇、期待、信任到购买，从开头破冰到结尾，每一部分都很重要，缺一不可。

如今，你应该明白单靠广告刷屏，是一个多么“肤浅”的销售动作了吧？掌握好这门发朋友圈的学问，你甚至能够让朋友圈成为你的主销售战场。

8.6 巧用社群聚人气，订单滚滚来

"人声鼎沸"，

也是有不少招数的。

如果你对新媒体有所了解，那么你一定对"社群运营"这个岗位不陌生。

社群是在互联网生态下新兴起来的名词，它不是简单地指微信群或者 QQ 群，而是一群人通过共同的兴趣、认知或信仰彼此连接，然后形成的一个有价值的生态圈。

如今有许多企业都在利用社群聚集人气，其中最出名的就是瑞幸咖啡，它通过做社群运营让品牌起死回生，一跃跳至行业领头羊的位置。不止瑞幸，一些嗅到了新渠道的企业也在逐步紧跟，比如美团和喜茶，都在大力推广它们的社群活动。许多博主和大 IP 更是抓紧时间抢占风口，毕竟落后就意味着赚钱机会的慢慢流失。

比如 PPT 大神秋叶就构建了自己的知识 IP 社群。就好比写作有写作协会、做生意有商会，做知识付费有 IP 俱乐部，秋叶搭建的这个社群具备平台属性，链接人脉、资源、信息，为他的知识 IP 创业赋能。

有了资源链接社群，就相当于有了庞大的流量池和专业团队，变现的方式更多元，跟企业、政府甚至上市公司都可以建立合作。

我有一个朋友思婷老师，在线上搭建了一个叫“衣橱搭配训练营”的社群。她联合身边的 4 个朋友导师全程陪学指导，将她自己多年的穿搭经验输出成一套线上课程，教人怎么穿得好看，搭得高级优雅。思婷的穿搭课程售卖价格为 499 元，每满 300 人报名就开班，单这一项收益就有 15 万元左右，顶得上许多刚入职场的小白的年薪了。

你可能会问，单单做个社群，就能这么赚钱吗？答案是肯定的，但还要看你如何运营，如何使用社群来聚集人气，成交订单。

在你打造了一个社群以后，你打算怎么运营？随便起个群名，整个群介绍，欢迎下群友，然后呢？社群安静下来后，几乎没有人聊天，连发个红包都要半天才被人领完。其实许多做社群的新人都有同样的焦虑和疑惑，明明都和大佬们下了差不多的功夫，为什么收效甚微呢？

你需要做什么才能让社群氛围火起来？接下来我向你分享几个行之有效的方法。

话题聊天促活

话题聊天，就是抛出话题，在群里吸引大家聊天。社群是一个社交场景，如果你不聊天，就没法儿成交。有人会说，聊天有什么难的，大家都懂汉字，在群里聊天直接打字不就得了吗？不是的，如果我们要让聊天有营销的效果，最终帮助我们成交转化，那么话题聊天就需要专门设计。

如果你的社群聊天都是一些真正的“闲聊”，比如今天天气如何、今天晚饭吃什么之类的话题，那么可以说这些聊天几乎是没有价值的。

这里我们就有一个新的知识点，叫作水军和剧本。水军就是用户眼里真实的消费者，但是实际上他们是你安插在群里的“卧底”；剧本就是你安排好的话题流程，水军A说什么，水军B说什么，然后一起把节奏带起来。

比如你卖的产品是某款面膜，你就可以从“秋冬的面部保养”“脸上皮肤容易感觉干燥”等话题切入，有目的性地去引导群内用户聊天。这个点很重要，你抛出来的每一个话题，最终落脚点都是你的产品，或与产品有关的东西。

朋友圈点赞促活

朋友圈点赞抽奖，是对用户来说“操作简单且中奖率高”的小活动。用户只要动一动小指头就可以获得中奖机会，何乐而不为呢。

规则其实也很简单。你在社群里发布群公告，让用户点赞你的朋友圈，符合点赞规则的人，比如第3、第6、第9、第27个点赞的人，就可以获得你精心准备的某奖品。

活动有以下几个需要注意的细节点：

第一个细节点就是，发公告之前，需要在群里聊天做活跃，用聊天植入接下来活动的诱饵。比如你要做这个朋友圈点赞的活动，你就要稍微透露一下这个朋友圈点赞有什么福利，然后动用水军瞎猜福利，烘托起气氛。

第二个细节点就是，活跃得差不多了之后，要及时发一个公告。公告的内容就是朋友圈点赞活动的预告：什么时间做什么活动、有什么奖品福利等。这里需要注意，奖品福利最好明码标价，提高吸引力。同时要强调“没加我微信的尽快添加”，以达到最大限度的私域流量引入。

第三个细节点就是，到达活动截止时间时，要言而有信地把朋友圈点赞截图发到群里，公布获奖名单。你可以根据礼物的属性选择兑奖方式，但是要尽可能地让中奖者分享这份“兑换成功”的喜悦，这样做，一来可以衬托活动的真实性，二来可以提高你的信任度。

红包活动促活

群里做红包活动这种“真金白银”的促活，也是一种妙招。我们需要明白一点，不管是刚刚说到的点赞有礼，还是发群红包，社群促活在前期必定是需要一些成本的，这和钓鱼之前必须花钱去买上好的饵料是一个道理。这也是我的一个做二奢行业伙伴刚总，在社群里常用的促活方法。

但发群红包，也是有小技巧的。

首先，必须用我在上文提到的“话题聊天”中的技巧，在群里烘托气氛，把“潜水用户”尽可能地活跃起来，毕竟我猜你也不想看到一个红包半天才被抢完的尴尬情况吧？然后等大家活跃起来，你就可以发布“红包手气王”活动的预告了。红包的金额不需要太大，但量一定要少，要保证大部分人抢不到。

你可以给“红包手气王”兑现一些小奖励，比如赠送商品礼券、下单送赠品之类和你的产品挂钩的福利。一般来说，对方获得了“手气最佳”这个殊荣，在你这里下单购买产品的概率会大一些。

公告刷屏有技巧

社群里发公告，需要谨记两点：不是最重要的内容不刷屏；内容宜短不宜长。

我看过一些新做社群的朋友，在群里发布的公关内容详尽如说明书，一条公告发出去，直接占据了手机的整屏，这种公告对于用户的体验感而言其实是很差的。第一，用户从大段文字中提取不到重点；第二，长篇内容发多了之后，很容易把重要信息刷到上面去。

公告内容一般在五六行为宜，你可以连续发三次来做重点强调。另外，由于公告内容是比较“硬”的，你可以适当动用水军来为你保驾护航。

以上是四个社群促活的常见技巧，你可以根据自己的情况，对这些技巧进行优化和完善，形成一套自己的促活方法。

无论如何，保持活跃度是社群运营的基础。只有当社群是“活”的时，你后续才有概率成交订单。

8.7 销售 IP 常用的五个心理学原理

知己知彼，

才能百战不殆。

上面所说到的内容，公域流量转私域流量、精细化运营、发朋友圈、做社群……我们做这些功课的最终目的，其实都是转化和成交。

如今很多人都在做销售，但不见得每个人都是一个好销售。一个好销售除了对产品了如指掌，能察言观色，还能精准地拿捏住客户心理，一眼识人心。

这里我分享五个能提高成交量的销售心理学原理，希望你在阅读完后有所收获，走出销售行业最容易碰到的一些盲区。

客户心理学

客户心理学，其实就是“用户第一”的法则，从客户角度出发想事情。

第一，没有最好的产品，只有最适合用户的产品。保健品就是一个很好的例子，如果你的身体缺维生素 C，你非要花高价买补充维生素 D 的产品就无济于事。明确对方缺什么，有什么需求，你再做推荐，一定要将这个认知深刻植入脑海中。如果我进一家店想要买连衣裙，销售却告诉我某款外套卖得很好，那我一定会扭头就走。为了卖而卖，是最掉价也最容易消耗信任感的行为。

第二，少让客户做主观题，多让客户做选择题。没有人喜欢麻烦事儿，“方案A和方案B是我给您做出来的最划算的两个凑单方案”比“这些价格都很合适，您可以自己看下”要更得人心，因为做选择题就说明客户不用再花时间和精力去多想一个步骤，只需要做出选择然后直接付款就行。

第三，学会在情感上与客户共鸣。做销售，也是需要察言观色的，比如当客户表示“我想自己逛逛”时，说明对方是个内向性格的人，那么你就要与对方保持合适的距离；如果对方态度强硬并没有要购买的意思，你也不必强行逼单。总之，你需要有时刻在线的情商，时刻站在对方的角度思考问题。

价格心理学

这是很多人做销售会有的一个盲区，就是“什么优惠就推荐什么，直接明码标价”。一个真正聪明的销售，会懂得给客户制造落差感，卖东西，不仅仅要让对方觉得价格便宜，还要让客户觉得“捡到便宜了”。

比如你卖一款销售价199元、活动价99元的面膜。运用价格心理学做销售的话，你面对客户时，不应直接明了地告诉她“这盒面膜现在只卖99元”，而是应该说：“这款面膜我们只有今天做活动哦，原价要199元，现在119元就能拿下一盒呢，等于给您打六折了。”

如果此时客户表现出饶有兴趣，那么你就可以将她判定为潜在客户了。这时候你需要在 119 元的价格上再做让步，打到 99 元。当然我们自己知道，本来这款面膜的活动价格就是 99 元，但是在客户看来，这无疑是在活动价的基础上又白白便宜了 20 元，等于捡到了大便宜。

如果客户对打折表现得并没有兴趣，那也不要紧，你同样可以利用“折上折”的诱惑留住客户。捡便宜其实算是一个人性的弱点，毕竟真的想买兰博基尼的人，那 50 元的代金券还是会用上的。

话术心理学

说话的技巧是销售的必修课。很多人对销售这个岗位的固定印象，就是销售员的口才一定很好，但其实并不是，能把话说到用户心坎上才是最关键的。

首先，说话的语速一定要慢，你要先让客户听懂你在说什么，这个印象很重要。有些销售员想要十秒内把所有优惠福利都一口气说完，像绕口令似的，客户听不懂，只会觉得烦。

其次，不要只顾着自己说，也不要等着客户一个劲儿地提问，要掌握合适的度：你做七分引导，留着三分让客户回应。简单几轮来回沟通后，你就要从中找到客户的兴趣点。只有把话带到客户的兴趣范围内，才能把对方的话匣子撬开。客户的每一句话，都有值得分析的信息点，也都有值得激发聊天欲的地方。

最后，千万不要吝啬夸奖。夸奖也有技巧，要选择客户的独特性进行夸赞。比如面对一个烫着卷发的姑娘，你就不要夸“您的发型很配您”这类所有人都适用的夸赞话术，而是要替换成“您这个波浪卷发是最近烫的吧，搭配您今天这件外套显得很优雅呢”这类具体化的夸赞，让客户觉得你是真的在注意她，而不是说一些“职场套话”忽悠人。

服务心理学

客户觉得你能够为他提供便利和价值，那才叫“服务”。只懂得跟在客户身边一个劲儿地推销的销售员，不但是热情用错了地方，还十分容易让客户反感。

做销售，要懂得用人性化的服务来打动客户。说得天花乱坠不重要，像一些大品牌的服务，免费体验品牌的美容油 SPA、终身保修服务等，这些才是客户真正需要的服务，你只有获取了对方的认同，对方才会选择从你这里买东西。

我在逛街买东西的时候，如果碰到一个销售员善意地欢迎我，跟我保持礼貌的社交距离，哪怕我把店里昂贵的外套都试了个遍依然笑脸相迎，还给我端来一杯温水，告诉我“累了可以在沙发上休息一会儿，不买也没关系”这样的话，那么我大概率是会买一点儿小东西再离店的。倒不是因为不好意思，而是这样的服务会为店铺的产品加分，我会潜意识地产生信任感，然后开心地花这一笔钱去买单。

另外，懂得回应客户的抱怨也很重要。原则上，这也是获得客户认同感的一种方法，你为对方提供了情绪价值，不带功利性，此时就不单单限于销售的岗位性质了。我身边确实有这样的姑娘，与男朋友吵架后怒气冲冲地去商场“买买买”，一个柜员耐心地听她讲完了所有的不愉快，然后姑娘心情大好，财大气粗地在柜员那儿买了很多品牌护肤品。

产品心理学

产品心理学很好理解，一句话：少提价格，多提价值。

一支 300 元的口红，少提这 300 元，重要的是塑造场景，散发价值：你买回去能够获得消费和美貌的双重快乐；口红并不是每天都会买，偶尔买些有品质的东西犒劳一下自己也不错……这些就是产品的价值，比起只会强调“300 元不算贵”，更多人会因为这些价值而买单。

价格，更多的是放在明面上，人人都看得到的东西，但是价值，是需要销售员为顾客提点出来，然后潜移默化地植入对方脑海里的东西。所以当你在售卖某样东西的时候，反复强调“真的很划算”反而很难做到成交，就是这个道理。

从消费者心理学来说，只有价值大于价格的时候，顾客才会为这样东西买单，所以你需要花心思去塑造产品价值，这是促成交易的临门一脚。

8.8 八招轻松搞定精准客群私聊成交

用点心思，

精准客群稳稳拿捏在掌心。

在做一对一客户私聊的时候，你做过这样的事儿吗？客户一咨询，你就以为对方要购买，然后立马兴冲冲地跟对方敞开天窗说亮话——现在的价格，真的很便宜哦！你却发现客户逐步丧失了与你聊天的冲动，导致最终没法儿成交。

在上一节的内容中我提到过，做销售，不要为了卖而卖，有时候有点人情味儿不见得是坏事。在与客户私聊的时候，你的第一次沟通给别人留下的印象，其实在很大程度上决定了这单能否成交。我们换位思考一下，你添加了一个销售员，但是暂时并没有购买东西的打算，结果对方一上来就开始给你推荐产品，你会反感吗？

本节内容是我对做私域以来的一些个人经验的复盘，提炼成了私聊成交的“八大招数”。接下来就一招一式地拆解给你看。

第一，首次沟通，决定了 80% 的留存。

就好像一个漂亮姑娘走在街上总是会被多看两眼一样，你留给客户的第一印象是十分重要的。首次与客户沟通，最忌讳的就是像开头说的案例一样，刚见面就直接推销产品。

首次沟通中你要做的有三点：自我介绍、价值输出、福利吸引。

自我介绍包括你的昵称，你对自己的定位，简短一些就好；价值输出指的是你能为客户带来什么，比如能让客户买得划算，或是能为客户及时带来新品消息，等等；福利吸引，多提对方无须花费金钱就能得到的东西，比如新人优惠券等。

第二，对客户进行分层。

根据精细化运营的知识点，在与客户首次沟通过后，就要给客户“打印象分”了。这位客户的沟通意愿是否高呢？是愿意回应你的话还是爱答不理呢？有没有说出一些自己的需求呢？

对客户分层，打上标签，是你在私聊时要做的第二步工作。对于一些意向很高的客户，你需要对其进行重点维护，后续在你这里产生过复购的客户，更是需要打上重点标签。

标签内容可以是性别、年龄、咨询过某某、消费能力水平……同时要记得这些标签和备注要随时跟踪与更新。

第三，与客户建立信任。

在私聊群发中，很多人有一个习惯，就是在网上搜索一些“打招呼模板”“万用话术”之类的内容，然后改成自己的名称就拿来套用了，这种投机取巧的方法是不可取的。

私聊中最忌讳的就是让客户以为你是个“机器人”，在你自己眼里精良的排版、斟酌过的语句，放在大多数客户眼里都是千篇一律的模板，是机器人式的自动回复，试问有谁愿意这样聊天呢？

在建立信任的过程中，有两点是需要注意的，即提供专属称呼及话术口语化。你可以根据客户的账号昵称来称呼对方，甚至可以咨询“如何称呼您呢？”话术不要大段大段地发，需要与对方有良性的互动，回复的频率放慢一些也不打紧，重要的是要让客户知道与她聊天的是活生生的人，而不是冷冰冰的自动回复。

第四，抓住时机，给客户下危机。

铺垫工作完毕，从这一步开始，就是在为最终的成交“下套”了。

下危机，其实就是抓住客户的咨询来挖痛点。通俗来说，就是给客户制造“焦虑”。但制造焦虑是有诀窍的，既要让对方听得开心，也要让对方注意到问题所在。

比如可以使用“欲抑先扬法”：您的头发看着真的很柔顺，看得出来护理得很不错呢，但是发尾还是有点儿分叉干枯哦，您之前是有做烫染的习惯吗？如果发尾不保养好的话，后续很容易造成断发，到那时再做护理就要花费很多钱了呢。

敏锐察觉客户的情绪，然后摆出事实，用自己的专业性，委婉地告诉对方“你需要这款产品”，让客户跟着你的思路走。

第五，给希望，激起客户的购买冲动。

挖到痛点，给客户制造“焦虑”后，就要给客户以希望。正所谓“打一个巴掌给一颗枣”，表达出客户的潜在问题后，就需要立马向对方表达“这个问题是可以解决的”。

“这款产品能解决什么问题”是核心所在，你需要第一时间准确抛出这个核心，而不是绕来绕去，让客户不知所云。

在推荐产品的过程中，是可以适当地夸大好处的，同时尽可能辅以数据和例子以强调其真实性。比如可以说你自己用的就是这款产品，而不是举“之前有个女生”这种例子，这个角色客户既看不到也不认识，就自然会把这个例子当作你在吹牛皮了。

第六，站在客户的角度，提供合适的购买方案。

对大多数消费者而言，除了十分紧急的必需品，价格才是他们选择买或者不买的关键。

做销售经常会听到的一句话是，“你们这个产品太贵了吧”。面对这样的还价，你要做的不是立马反驳客户“真的不贵”，而是顺从客户的意见说“确实是不算便宜呢”，然后从产品的价值入手，将产品的价值做深度描述，让客户觉得这个钱花得值。

促成交还有一个“推拉法则”，就是你抛出的价格略高于实际售价，给客户一个讨价还价的区间，这样客户会产生一种捡到便宜的错觉。别小瞧这个小小的法则，它往往能够促成很多订单。

第七，为客户排解顾虑，打出一张保险牌。

拿出权威的数据，举出合适的例子，如果实在都没有的话，你可以为客户的售后服务做出保证。

站在客户的角度，当价格合适、产品合适，他就开始担心产品的后续保障——假如我用了一段时间过敏怎么办？假如我买回去，第二天你们又便宜了几十元怎么办？此时，你就要给客户吃一颗定心丸了，尤其是在对方已经跃跃欲试要付款的时候。

产品的保价服务、七天退换服务、终身咨询服务等，都可以作为溢价服务来提供给客户，这些售后保险，能够为“成交”这个动作保驾护航。

第八，订单成交时，需要提供适当的关怀。

当客户在你这里买了东西时，可以适当提供一些个人关怀，比如咨询对方：如果是赠送给别人，是否需要给您备一个礼物袋呢？

这是提高客户复购率的一个小细节点，即让客户觉得你是在把他当朋友，而不是当一次性的交易对象。

以上就是精准客群私聊成交的八个招数，许多成功的销售员利用的基本都是类似的思路和逻辑，具体实践上的话术就需要你自行研究迭代了，你可以在一些社交平台上多多观摩一些“销冠”的心得，然后整合出一些话术做参考。

8.9 三条法则，让客户心甘情愿地做转介绍

花心思开发一个新客户，

不如花心思维护一个老客户。

在第6章的时候，我提到一个词叫“裂变思维”。让客户转介绍，也属于裂变思维的内容之一。这个词其实不算什么生词，它常常和社群关联在一起，还常常被当作单独研究的模块。

如何理解“转介绍”呢？放在我们日常生活中来解释，就是你的阿姨在某个摊位买了一把青菜，然后回头告诉你的叔叔，“这个阿婆卖的菜，便宜又新鲜，你下次可以去看看”。这就是转介绍，即做过成交的客户，主动把产品推广给新人客户。

转介绍的重要性其实不必多说，从私域来说，开发一个新客户，不如维护一个老客户。开发新客户需要渠道、需要巩固、需要成交，但是对于一个老客户而言，他觉得产品不错就自然而然会介绍给他的朋友们，你甚至完全不需要做开发新客的这些动作，就能取得四两拨千斤的效果，成本低，收效高。

那么什么样的客户愿意帮你做转介绍，你留意过吗？这里我把愿意做转介绍的客户分成三类：

第一类，喜欢当意见领袖，爱表现自己的人。这一类客户，你

可以把他看作爱出风头的人。比如当你在群里说出某个话题，他总会无比捧场，然后第一时间发表自己的观点，这类人通常是愿意为你做转介绍的，因为“分享东西获得别人的认同”这种行为会给他带来成就感。

第二类，做这件事能为他带来直接好处的人。这类客户通常对“福利”“赠品”这类字眼十分敏感，换句话说，他们是愿意为了获得一些好处而帮你做转介绍的。比如，让客户在表格里填上十位闺蜜的联系方式、所属行业后，就可以免费领走一盒价值 300 元的面膜。

第三类，不求回报的好朋友，对你有超强的信任感。这类客户就是真正信任你的人，可能是因为你的服务、口碑给他留下了很好的印象。愿意无条件为你做转介绍的客户，是值得你花最多心思维系的客户。

以上三类客户，如果你要做转介绍的活动，就可以重点留意一下。第一类客户，你可以给他冠上头衔，吸引他为你做转介绍；第二类客户，你就需要拿出足够有诚意的福利来吸引他，比如做阶梯式奖励，带来多少新人就能拿到对应奖励等；第三类客户，一般会自动为你做转介绍，这时一定要记得，不要过度消耗对方对你的好感，如果对方不求回报地为你带来了很多新客户，你要记得提供一些小礼物回报对方的信任。

我们在推进转介绍的过程中，有一些特别要注意的地方：

以真诚换真诚。真诚是第一要义，因为转介绍其实属于客户的自愿行为，并不是他的义务，哪怕你拿出再多的回报，对方也有权利选择不帮你做转介绍，所以唯有用一颗真诚的心去对待，你才能获得你想要的结果。

给客户提供足够的利益点。利益是最大的驱动力，在做转介绍这件事上也是如此。在策划活动奖励的时候，要考虑礼物是否体面、是否有价值、客户是否需要等，就好比用“一次面部 SPA”去吸引一位男客户为你做转介绍，用一张 10 元的代金券去吸引一位富太太为你做转介绍一样，这些情况大概率是会失败的。

提前为客户总结产品价值，而不是让他们自己想。这是一个很细节的地方，就好像考试时老师为你“划重点”一样，如果客户表露出为你做转介绍的意愿，那么你可以提前为他总结出产品的价值和卖点，让对方做转介绍时更便捷高效。

通过做转介绍低成本获客的成功案例有很多，但这些几乎都是建立在拥有老客户的基础上的。唯有在平常的销售中积累好的口碑，才能把个人影响力打响，然后带动你的老客户为你挖掘新客户。

后记 做时间的朋友：成为更有希望的自己，奔赴理想山河

你如果瞄准月亮，即使迷失，

也会落在璀璨星辰之间。

我的朋友，当你阅读到这里，说明我们的“限定故事”即将进入尾声了。这一趟旅程，我与你分享了许多关于我的成长、我的生活、我的朋友，以及这几年我对个人品牌甚至销售 IP 打造的一些经验与心得……从一个普通女孩到一个品牌创始人，我摔过许多个扎扎实实的跟头，但这一路虽艰苦，却异彩纷呈。不知道你有没有在某一段故事里，看到你自己的影子呢?

现在已经是凌晨三点了，我的书房窗外那栋写字楼的灯，早就熄灭了大半。我总是在这些时刻思绪连篇，想起第一天来到深圳时穿的那双旧帆布鞋，想起第一次租下小洋房当工作室时的雀跃，甚至还有无数个在被窝里偷偷哭泣的夜晚。

你若问我，有没有后悔过“从小城市迁移到大城市”的这个抉择，我会斩钉截铁地告诉你——我痛苦过，但我从未后悔过。

我觉得我不是幸运地获得过优待的那群人，我更像是在历经了痛苦挣扎后破茧而出的那只普通的小蝴蝶。对比被困住的茧、尚不会飞的幼虫，我只是学会了如何去飞，但尽管如此，似乎也显得足

够幸运。

我不知道你是在何处看到这本书的，也不知道你是否已经走上了理想的道路，或者是否正在遭受不顺心的事情……在成长的路上，我们总是会遇到各种各样的问题与困惑。尤其是当你选择了一条跟身边大多数人不同的路时，你会面对来自各方的压力与议论，会孤独，也会无助。但我想告诉你的是，你不是一个人。如今，在这个氛围刚好的深夜，我有一些悄悄话想跟此刻的你一起分享。

经营自己，可以获得什么？

这些年走来，我在挑战中被重塑，又在重塑中被迭代，收获不少。我从无到有建立起自己的个人品牌与销售 IP，收获了大几十万粉丝，超 1 万名付费学员，近 10 万名珠宝首饰用户。我有了一间自己的工作室，做着自己喜欢的事业，也有了自己的品牌，能保护我的家人；有了选择的空间，也有了追逐梦想的能力……最终过上了我自己理想中的“希雅生活”。

要是浓缩成一个词的话，我觉得应该是“成长”。我很喜欢这个词。它孤独得没有一个偏旁部首，但是这大开大合的一笔一画，一撇一捺，却像是向四周野蛮生长的藤蔓，处处彰显着生命本应有的张力。

这一路走来，我学会了很多。

1. 会赚钱也会花钱

做知识付费讲师，做品牌创始人，做博主，写书……这些多管道获得的收入，如今我用其中的一半投资自我。

以前赚到钱，只想要买漂亮衣服，买奢侈品包包，把自己打扮得光鲜亮丽。现在不太一样了，我会花钱请一些前辈朋友吃饭旅游，以维持彼此的关系；或是花多一倍的租金，给自己换一个环境好点儿的工作室……消费观的转变，让我不再依赖物质给自己带来的快乐。

学会赚钱固然重要，但是我渐渐发现，学会花钱也是一件蛮有意思的事儿。比如什么东西值得花大价钱买，什么东西需要做到消费降级，应该如何规划理财，等等，这些都是成长附赠的大智慧。

2. 向内寻求安全感

曾经的我，是一个毫无安全感的人。朋友长时间没有回我的信息，我会怀疑是不是因为我说错话；同事找我帮忙我义无反顾，当自己需要帮忙时，又总是拒绝他人的好意，因为害怕麻烦别人……

不断的成长，让我变得内心充盈。现在的我，安全感更多的是来自我自己。一个内心充盈、外在得体，有稳定的人际关系，有过硬的本事的人，才不需要把安全感寄托在别人身上呢——即便全世界都想下一场暴雨把我浇透，我也不再害怕了，因为我手里紧紧地握着“优雅经营自己”这把伞，这就是我要的那份来自自身的安全感。

3. 成为更有希望的自己

这更像是我的一个人生信条，在我的概念里，一个人的成长，应该是从人生态度的改变开始的。比起年轻时迷茫又自卑的我，如今我成为更有希望的自己，拥有了一份从容不迫的底气，我觉得这是成长赋予我最好的礼物。

这份底气，让我能够勇敢地选择想要的生活方式，我可以在咖啡厅里穿着精致地与朋友讨论王尔德，也可以蓬头垢面地与团队成员做三个小时的工作复盘。我不在意别人怎么看我了，毕竟内心的自洽才是一切幸福感的来源。

这份底气，让我可以从失败的感情中走出来。好的感情是可以让双方越来越有力量的，而不是因为喜欢，我们花光了所有的力气。人生那么长，有情情爱爱很甜蜜，但要是没有，那也要在自己的日子里闪闪发光呀。

这份底气，让我无惧无畏地去追逐自己的梦想，不再战战兢兢，患得患失。现在碰到一些比我年轻的姑娘向我讨教“如何过上自己理想中的生活”，我能够欣然一笑地回答道：“优雅经营自己，成为更有希望的自己。”

你最大的资产是什么？

其实我们普通人最大的资产，就是时间，也就是你每天的 24 小时。这是我的老师——中山大学博士、华南理工大学教授张树旺一直给我强调的，我一直很受用。朋友，你要务实地找到一个感兴趣的、热爱的且能赚钱的事，投入你的全部精力、注意力、时间、金钱、资源，心无旁骛地把它做到擅长，优雅地经营好自己的个人品牌。

每个阶段最重要的事只有一件，无关生存的其他杂事全部放下。花 3 个月到 3 年时间，专注于这件事：这个领域的信息，这个领域的牛人，其中的核心信息、关键步骤……一直重复一个动作，一点一点精进，今天比昨天更精通一些，今晚比今早更精通一些，年年如此。

每天与这件事缠绕在一起，像对待爱人一样。一边练习，一边研究如何把这件事变现。一般人，由于没有很快得到物质的回馈，往往连一个月时间都坚持不了，就把注意力、精力放在别的事情上了，导致他们在任何事情上都没有深厚的积累，都不精通，形成不了竞争力。

没有核心竞争力，就很难获得所谓的“成功”。

成功，其实这个词可以被无限定义，各人有各人的说法，也都会有不同的理解。

对于大多数人眼里的“成功的自己”，应该都是有钱花、有人爱、有事做、有梦追，过上了自己理想中的生活。要走到这一步不算简单，但也没有那么难。

在这个过程中，可否选择走一些捷径？关于这件事儿，我想很认真地告诉你，通往成功和理想人生的路，是没有捷径可走的。不走捷径，其实就是最大的捷径。

我那个刚初中毕业的侄女，当我们问到她“未来想做什么工作”时，她仰着小脸，回答说：“我未来想做女主播。”我们都十分意外，于是继续追问原因，侄女回答道，因为这样可以更快地赚很多钱。现在互联网的兴起，让很多人收割了前期红利，那些主播光鲜亮丽，有关注度，有大把的钱赚，还不用天天坐在工作室里，时间很自由……

我不排除少部分存在“机缘巧合”的原因，但是大多数的主播、网红，能够实现商业价值赚到钱，他们背后的个人付出与资本运作，大多数人是看不到的。

“想要轻松赚钱所以想做主播”，简直是天方夜谭，因为任何一个行业，想要赚到钱，都不可能是轻松的。主播基本全年无休，每天要播 3 ~ 7 小时甚至更长时间，还要面对每天高强度的输出与压力，另外天时、地利、人和缺一不可……道、法、术、器、时、势，哪一点掉链子，都是要吃大苦头的。

在一个行业做到了顶尖地位或是有自己名号的人，基本上都经历了常人没有经历过的痛苦与磨砺，而只有熬过这些苦难时刻，才可能实现名利双收。

踏踏实实地走，认认真真地做，不断经营与精进自己，眼光要“贪心”，脚步要踏实，这样在石缝里也能开出花来。

痛苦时刻，谁可以救自己？

永远都不要把希望寄托在别人的身上。为什么你常常感到痛苦和无助？就是因为你从来都不愿意发挥自己的主观能动性，永远都是等、靠、要。

就像《遥远的救世主》中的丁元英所说的：“传统观念的死结就在一个靠字上，在家靠父母，出门靠朋友，靠上帝、靠菩萨，总之靠什么都行，就是不靠自己，所以就只能在精神上祈祷着。”

朋友，我们要为自己的人生负起责任，从来都没有救世主，如果有，那也只能是你自己。朋友、贵人能帮助到你的只能是锦上添花，而走出困境只能靠自己行动。很多人花了很多年才意识到这点，等意识到的时候发现年纪大了，很多事情已经错过好的发展时机。这个社会很公平的一点是，如果一年不够，那就给你两年，如果三年你还没看清很多事，你还没清醒，那大部分苦难都配得上你。

我的另一位老师余博士在一次喝茶聊天时跟一群学生说：“很多事前期只能靠自己，你身边发生的一切都是助缘，可以让你觉悟，但无人能够救你，只有你才是自己的救世主。”

很多人期盼“天上掉馅饼”的神话，把聪明才智用在各种“破格获取”的方式上，结果只能是一无所获，期待落空。仔细想来，最终我们靠来靠去，都不曾得到真正有用的帮助。越靠别人的人越没自信、越没力量，因为你把力量都给了别人、都给了外面，没有分给自己一杯羹。很多事前期必须要靠自己，真正的救世主不遥远，他就是我们自己，只有靠自己，才能救自己，别人才能更好地给你助力。

拿不准时，听谁的建议？

其实很多人在尝试做一个新的事情，开始向上生长时，周边就会出现各种劝说与反对的声音，反对最为激烈的往往是自己最亲近的人，比如好朋友、家人。

就好比当初我选择创业时，好朋友说，舒服的日子不香吗？你说你折腾这事儿干吗？父母说，别折腾了，可以用这笔钱再买套房，你可以收租了……

说实话，在这些压力和不理解之中，人很难不动摇，也都会纠结：开始还是不开始？直到我听到良师益友、著名女投资人与慈善家洪子晴老师对我说的一句话——“听自己内心的声音，做难而正确的事”，才坚定了我要继续创业的决心。

很多人都难以逾越的一道坎，是当他们打算做一件事时，面临四面八方的压力，要如何说服自己“开始做这件事”。

朋友，我想告诉你：当你在尝试走一条新的、目的地未知的路时，有压力是常态。你身边有很多信息与声音，请记得屏蔽一些无用的声音，去听有用的声音。你要听的，是那些你想成为的人与在这个行业中有结果的人的建议。

如果你想要从一个演员转行做导演，你会听一个公司会计或是听一个炒粉店老板给你的建议吗？如果他们跟你说“你干这事儿准不行”，你就会因此放弃这条路吗？显然不会。

你想成为谁，就要去靠近谁、模仿谁；而你靠近谁、模仿谁，大概率就会成为谁，因为人是会被同化的。比如学商业，要跟最有成就的商业大咖学；学传统文化，要跟孔子、孟子、老子学；学营销，要跟里斯、特劳特、奥格威学；学传媒，要跟分众传媒学、跟江南春老师学。先找到这个领域最厉害的老师，揣摩并借鉴行业领域的最高智慧与建树，然后再去找适合你现阶段的老师，让他带着你阶段性成长。

为什么呢？因为如果你只是对标最高级的老师，他们的思想、干法，不一定适合你，也许不能解决你现阶段的问题。所以既要“跟世界顶尖的大师学”，又要“跟符合你现阶段问题、需求的，有结果的导师学”，这样你既看到了最高标准，又能贴合实际情况，在高手的指导下，靠自己阶段性地进步。

怎么让高手带你一起玩儿呢？最直接的方式，就是舍得在对的人身上花钱或者花心思。朋友，你在厉害的人身上花钱，就是赚钱，高手都是精准选择、精准决策，跟着他们可以少走好几年自我摸索的弯路。找到行业高手，与高手为伍，狠狠盯住一两个人，跟上他的节奏，成为他的自己人，进入他的核心圈或者成为他的助手、心腹或左膀右臂，对他的事特别用心，人心换人心，他也会帮助你成长起来的。

信念可以制胜吗？

在这本书里，我花了很多心思跟你分享做个人品牌、打造行业销售 IP 的经验与路径，做了这些事，我至少少花 10 年时间过上了自己理想的“希雅生活”，我希望你也可以尝试。

个人品牌，要去经营，这是我最真诚的建议。它能够让你拥有足够的市场辨识度，在这个什么都讲究“优胜劣汰”的快节奏时代，你要靠着辨识度出圈。当你跟别人穿着一样的衣服时，没有人能一眼把你从人群中认出来。

你如果沉没在了人海中，那么就会失去更多的机会。而且个人品牌本身就拥有很强的连接力，正因为是在做同一件事情，我才得以和很多大我十几岁的老师与前辈有所连接。你的个人品牌，是你被看见的钥匙，也是你闯荡江湖的底气。

虽说成功的路没有捷径，但是经营好个人品牌，打造自己成为行业销售 IP，其实就等于在弯道超车了。当你在个人品牌上嫁接你的销售能力时，就好像一个齿轮在带动另一个齿轮转动，你的个人品牌越出名，销售力就越高；你销售得越多，知名度就随之水涨船高，随后名利双收，这是双赢。

不要把这件事儿想得很难，按我给你分享的经验与路径去做，每个人都拥有打造销售 IP 的机会和能力。只要你对这件事无比坚信，它就等于实现了一半。

要无比坚信地在大脑中绘出清晰的蓝图，我们每一天都向目标迈进，它终有一天会实现。很多人之所以感受不到这种力量，是因为他们定的目标，自己都不太相信——好比有人定了人生理想，我想当总统，我想学会 72 般变化，要达成这种目标就只能去庙里许愿了。就好比我自己，几年前我告诉自己，5 年时间一定要在这座城市安个家。这是能够实现的事情，所以你看，这个目标，不就被我一步步地实现了？核心是要定一个自己坚信能够实现的目标，在这个过程中不停地收集正向反馈，然后建立起一个非常强大的信念系统，来支撑自己的行动。

一个人想要成事，就要先从信念开始。一个人只要树立了正确的信念系统，就会越来越有能量、越来越有行动力。凡有所成的人，对一件事的相信程度无比坚定，那么这个人的意识形态就会立刻产生杀伤力，从而爆发力量，开始乘风破浪，得偿所愿，求仁得仁。

如何面对不同声音?

截至此刻的人生中，你有没有遇到过一些当时看起来根本无法跨越，但现在可以笑着跟朋友边撸串边哈哈大笑说起来的事?

比如小学时期，最害怕的是到讲台上背诵课文，背不出来被老师训骂，全班人盯着你看；又比如中学时期，最害怕的是查收期末考试的分数，一阵忐忑不安后发现刚好及格……以前觉得难堪，现在觉得“也还好”的这些事儿，我有。

好几年前，在我做知识付费老师时，就经历了一场莫须有的舆论风暴。如果你已经开始经营自己的个人品牌了，那么你每天的常态，就是面对各种不同的声音，有粉丝对你赞美与认可，当然也有不友好、不善良的声音。

我当时做知识付费讲师讲的新媒体课程，其实是基于我的个人经验与行业前辈的心得总结出来的，95% 的学员对我们的课程及服务都是赞赏有加的，有很多学员转行成功，或是获得了超出课程学费 10 倍的价值。

但有 5% 的学员由于个人资历与个人条件，课程并没有达到他们理想中的预期，于是几个人带头起哄，组团在社群与朋友圈攻击我们，往我身上泼脏水，“问候”我的家人，有些言语不堪入目。第一次看到这些黑粉私信时，我生气、惊慌、不解、委屈，满脑子都是那句“你凭什么这么说我？”

在那之后有很长一段时间，我不敢点开所有社交平台的后台私信。

我在怀疑自己，渐渐开始抗拒在镜头前展示自己，因为我觉得只要我不去做，我就不会受到这些攻击。这时候，我的学员开始询问我近期为什么不讲课了，也有很多学员发私信安慰我：“你已经做得很好了，真心希望你可以继续讲下去，还有很多人需要你的专业……”

我打电话跟莎总说起这件事。莎总哈哈大笑，然后告诉我：“姐妹，恭喜你出圈了！你又不是人民币，怎么可能所有人都喜欢你？有人‘黑’很正常，你别在乎这些人怎么看你，他们还不配占用你的精力……”

那时候的我才第一次深刻明白，什么叫作“既然选择了这条单行道，你就只能义无反顾地走下去”。一些没有理由的语言攻击，旁人的不理解，好像都是我们成长中必经的一些难关，而你不得不去面对它们。

那段时间我花了多个日夜，独自消化和接受这些精神损耗。我在深冬的夜晚崩溃大哭，然后清晨起床用冷水洗一把脸，硬扛着精神压力来研究教案……并不是因为我有多强大，而是我发现，似乎只有这样做，我才能不辜负大多数人的期待，才能不辜负当初执意来到深圳追梦的初心。

我不是因为内心强大才敢正视黑暗，恰恰相反，我是因为被迫正视黑暗，所以才不得不让自己变得更强大。

这个社会的常态是，女孩子漂亮，就会轻易被安上“除了打扮啥也不会”的奇怪罪名；男孩子选择做一些自由职业，就总是会被旁人看作无所事事、没有前途……这些风言风语过后，可能有些女孩子就收起了漂亮的裙子，有些男孩子开始怀疑自己的职业生涯。

我在书上看到一些“反鸡汤”文学，文中说，逃避可耻但有用。然而我现在想说，逃避既可耻又没有用。逃避其实更像是一种弱者的自我麻醉，因为你会发现，在痛哭流涕过后，生活和梦想都还是要继续往前走的。

朋友，我可以很认真地告诉你：事实上，我们无法做到让每个人都喜欢自己，我们也不必获得每个人的喜欢，你只需要做到让认可我们的人与我们在乎的人对我们满意就够了。不仅仅是萍水相逢的陌生人，朋友关系、亲密关系、家庭关系……你身边的所有关系都是如此。你可以不那么完美，不那么面面俱到，那样活着太累了，就好像费尽心思去照料一株早已枯死的花一样。

其实不止黑粉，一些所谓的“朋友”也是如此。当初做知识付费取得一些小成功后，我明显察觉到，有一些朋友开始慢慢疏远我了。起初我很困惑，试图联系她们然后重新融入圈子，但在一次次的“吃力不讨好”中，我发现我的努力显得格外讽刺。冷漠的回复，客套话的寒暄，现实不容分说地给我狠狠浇了一桶冷水，于是我开始自我怀疑，我是不是又做错什么事情了？

如果你曾经或是目前正在经历类似的关系僵局，我想说的是，不要自我怀疑，不要做没有价值也没有成果的关系维护。真心对待你的朋友，哪怕你无意中有冒犯他的地方，他也会想尽办法给你台阶下，而不是让你一次又一次地像小丑一样单方面付出，那只是徒增笑料罢了。

我们要习惯一个生活常态：人是在不停地成长的，圈子也会跟着迭代，那些跟你没有共同语言的人自然而然就会与你分道扬镳，我们要做的就是去结识那些与我们同频共振的人，而不是一直将自己困在“旧朋友”的情感绑架中不能自拔。所以，一起向前走吧。

黑粉的谩骂，旧日朋友的疏远，现在看来，为这些烦心事扰乱思绪，实在是没有必要。那些负面舆论，你要尽量不去看，说服自己不往心里去就好，因为只要有光的地方就必定会有黑暗；而那些本就与我不在一条道路上的朋友，也不需要刻意去挽回，因为我们根本就无法同频，吃力不讨好且没意义。对于那些会损耗你精神的事与人，要及时将其淘汰，将军赶路，不追小兔，把时间与精力花在对的事与人上。

去寻找和自己同频的声音，去做有意义的双向奔赴，就好比我和我的老师们、朋友们，我感激他们给我的教导与指引，他们也为我的成绩感到自豪，这就是正向滋养的关系。

之所以说我幸运，是因为这些当时看似难以跨过的关卡，我在身边人的影响与帮助下都一一跨了过去。我多次站在风雨的中心，然后笨拙地撑起一把伞，一点点挺了过去。

纵观我们的一生，要跨的坎其实数不胜数。有些关卡也许我们还未抵达，但请相信这些坎都不足为惧。正所谓“关关难过关关过”，勇敢的人是会获得命运的嘉奖的。

朋友，如果你正在追梦的路上狂奔，也面临着一些生活困惑或是工作瓶颈，我希望你能明白：经营好个人品牌，打造自己成为行业销售 IP，成为一个更有希望的自己，这是你人生中非常重要的一场战役——一场以梦为马的追逐战。相信我，你只管大胆去做，长期践行“希雅生活”理念：践行“六要六不”“六种时间”理念，时间会给你想要的答案。

你如果在这个过程中遇到了挫折与困惑，可以扫描下方二维码，添加我的微信好友（备注：读者），我在这里，随时做好了拥抱你的准备。

扫一扫上面的二维码，加我为朋友

其实没关系，大多数人的路都是这么跌跌撞撞走过来的。别焦虑，别急躁，饿了就好好吃一顿饭，夜里失眠就放空大脑停止思考，安心听一首摇篮曲入睡。夜晚可以沉声静气地享受生活，白天也要精力充沛地奔赴自己理想的旅程哦。

聊到这，你的心里有没有燃起一盏能够刺破迷雾的灯呢？到这里，这本书也要接近尾声了。

这本书我筹备了很久，删删改改了很多版本，作废的稿件打印出来也许能够铺满我房子的地板。在写这本书的同时，我复盘了我二十多岁的人生经历，收获了很多崭新的感悟。

在本书的末尾，我由衷地感谢你的陪伴，也感谢你花费人生的一部分时间，阅读完这本书。我希望你有所收获，尽管你我之间没有可以复刻的人生，但我希望你能在节奏匆忙的人生中，获得片刻的宁静，拥有对生活美好的期待与希望，重拾奔跑的勇气。

感谢亲爱的读者，也感谢在我成长路上给我提供过帮助的所有朋友和前辈。这一路上的前行，多谢你们的陪伴与厚爱，让我成为更有希望的自己。未来的日子里，咱们一起优雅经营自己，无惧无畏，活出自我，拿得起也放得下，奔赴自己的理想山河，又美又飒。

写完后记抬头看窗外时，天已经微微发亮，这热气腾腾的人间，在楼下早餐摊叮叮当当的声音中开启了崭新的一天。最后，想用我喜欢的一句话来结尾：

“你如果瞄准月亮，即使迷失，也会落在璀璨星辰之间。”

附录 【逐光计划】过上理想的“希雅生活”

【个人篇】

1. 每天抽出半小时看书或看纪录片，减少娱乐性信息的精神入侵。

2. 定期和一些有所成就的朋友聊天吃饭。

3. 戒掉经常使用网络语言的习惯，它们并不会让你看起来更酷。

4. 停止没有意义的抱怨，这只会让你变得更焦躁。

5. 学习理财，对到手的每一笔收入进行合理规划。

6. 日常中有意识地锻炼自己的表达能力，碰到需要发言的场合就可以做到从容不迫。

7. 学会定期复盘，像写周记一样，记录下每一次自我复盘。

8. 不要总是自我暗示“我做不到”，给自己多一些正向的情绪。

9. 有健康的生活方式，早睡早起不熬夜，尽管这已经是老生常谈的话题。

10. 学会享受独处的个人时间，放空自我是一项修行。

11. 不要常常和别人做比较，请专注于你自己的事情。

12. 敢于拒绝，对不想要的或在你计划之外的事情勇敢说“不”。

13. 别抗拒社交，也别参与无意义的社交。

14. 每天坚持学习一些新知识，可以是学做一道新菜，也可以是听一节运营课。

15. 制定一个想要最终达到的人生目标，并时刻提醒自己。

【生活篇】

1. 任何时候都不要灰头土脸地出门，保持干净清爽很重要。

2. 购买一些高品质的香氛，提升生活品质。

3. 每周花一点儿时间去逛一逛超市。

4. 丢掉那些只能穿一季的廉价大衣。买一件优质的经典大衣，胜过买十件当季热款。

5. 不合身的衣服不要留，你几乎不会再穿它。

6. 尽量掌握一项技能，可以是会做烘焙、写字好看、懂点儿乐器等。

7. 在经济允许的范围内买最好的床品，好的睡眠能让人神清气爽。

8. 颜色相似的口红只买一支，配色相似的眼影只买一盘。

9. 奢侈品包包可以买。如果经济没有很富足的话，就挑品牌的最经典的那一款。

10. 再好用的护肤品也不要囤积很多瓶，快用完再买新的。

11. 每个月花半天时间清点家里的物品，定期收拾你的房间。

12. 养成定期大扫除的习惯，这是一项生活修行。

13. 睡前断网，慢慢戒掉摸黑玩儿手机的习惯。

14. 买个心仪的杯子，然后每天喝够 6 杯水。

15. 定期去洗牙，坚持用身体乳，这些生活细节会逐渐让你变精致。

【工作篇】

1. 关于职业规划这件事，别人说别人的，自己做决定。

2. 除了毕业实习，只有能赚到钱的工作才有坚持的必要。

3. 凡事要做 Plan B，提高你的行动力，和拖延症说拜拜。

4. 打碎职场玻璃心，闲言碎语别往心里去。

5. 工作中，给自己制订一个“专注自我”的时间，专心做好一件事。

6. 对职场上所有人都要保持一点距离，不要把心里话全掏出来讲。

7. 嘴甜心狠，多听多笑，过程不重要，拿结果说话。

8. 遇到工作问题先思考，有了自己的想法再去问别人。

9. 如果你打算创业，能力、金钱、时间一样都不能少。

10. 创业者，要用无限的毅力去请教你所在行业的前辈。

11. 创业者，需要有独到的眼光挑选合伙人，单打独斗很难成功。

12. 你选择的创业路，必须有你所擅长的领域，再决定去走。

13. 在赚钱这件事上，在合法的前提下，不要嫌弃手段。

14. 创业不要想着一口气赚大钱，先从赚小钱开始。

15. 勇敢、责任、细心，是闯荡社会江湖的三大法宝。

【经历篇】

1. 尝试给自己拍一支日常vlog。
2. 拥有一次说走就走的旅行，哪怕是在周边城市。
3. 每年抽时间正儿八经地去照相馆拍一次写真。
4. 每年至少看一次艺术展或音乐会，提高艺术审美。
5. 定期进行一些户外活动，如跑步、爬山、野营等。
6. 鼓起勇气在公众场合做一次小演讲。
7. 考一本驾照。
8. 去喜欢的城市住一段时间，融入当地生活。
9. 给十年以上的挚友写一封信，然后郑重地交到对方手里。
10. 参加一次跨年倒计时。
11. 为朋友准备一次生日惊喜。
12. 做一件自己害怕的事情，比如跳伞、献血、蹦极等。
13. 剪一个一直想要尝试的发型。
14. 向贫困山区捐一次款，或者捐赠一次物资。
15. 尝试去做一次日结的兼职工作，比如咖啡店店员、促销员等。

【感情篇】

1. 全心全意地投入某一段感情，并且只享受当下。

2. 和喜欢的人安静地看一次日出或日落。

3. 发现彼此的一个坏习惯，并且互相鼓励对方改掉。

4. 偷偷为对方买一件对方喜欢但舍不得买的东西。

5. 把对方介绍给自己的朋友认识。

6. 建立一个银行账户，一起往账户里存钱。

7. 一起去参加朋友的婚礼，并谈谈你们未来的婚礼计划。

8. 不要把问题憋在心里，爱你的人会主动与你一起解决。

9. 留给对方适当的自由空间，不要过度消耗热情。

10. 在做某个人生大事的选择时，必须是优先考虑你自己。

11. 要去爱一个具体的人，而不要爱自己幻想中的完美形象。

12. 经常拍照留念，隔一阵子翻出来怀念一下。

13. 如果一段感情让你觉得自己在变差，在变焦虑，记得及时抽身。

14. 不要花大量心思去研究对方的情绪和行为。

15. 如果你正反复地被否定、被打击，快跑，远离感情 PUA。

【家庭篇】

1. 用自己的工资给家里人买一份比较珍贵的礼物。

2. 对家里人说一次“我爱你”，即使你觉得真的很肉麻。

3. 对他们的唠叨耐心一些，哪怕你有再大的愤怒或失望。

4. 做重要决定的时候要告诉家人，让他们感觉到有参与你的人生。

5. 逢年过节的时候，如果你不在父母身边，要记得打电话关心他们。

6. 和家里人一起去照相馆拍一张全家福，然后裱进相框里。

7. 给父母办一次生日会，就像你对待你的好朋友那样。

8. 主动去关心家人最近有何烦心事，帮他们分担或解决。

9. 每年带父母去做一次身体检查。

10. 耐心教长辈接触新科技，包括智能手机、网络电视、扫地机器人等。

11. 听父母聊聊他们年轻的时候，也和他们聊聊自己的人生计划。

12. 多向家人请教一些问题，让他们感觉到被需要，即使这些问题你早已有答案。

13. 明确自己和父母之间的边界，再亲密的人都需要有空间感。

14. 请尊重父母的爱好，哪怕你觉得“广场舞真的很吵闹”“钓鱼真的很无聊”。

15. 记得，琐事不争，大事不责。